QUE SAIS-JE ?

Le Code civil

JEAN-MICHEL POUGHON

ISBN 2 13 045184 5

Dépôt légal — 1re édition : 1992, décembre

108, boulevard Saint-Germain, 75006 Paris

INTRODUCTION

« Ma vraie gloire n'est pas d'avoir gagné quarante batailles; Waterloo effacera le souvenir de tant de victoires; ce que rien n'effacera, ce qui vivra éternellement, c'est mon Code civil. » Et de fait, ce monument juridique fera presque l'objet d'un culte. Il deviendra le Code Napoléon en 1807, tout comme il y eut le Code Théodosien ou les Compilations Justiniennes.

Un professeur du siècle dernier, Bugnet, s'exclamera : « Je ne connais pas le droit civil, je n'enseigne que le Code civil. » Stendhal disait en lire quelques articles tous les jours pour s'imprégner du style lapidaire des rédacteurs. Bref, 1804 apparut comme la fin d'un chaos juridique et la promesse d'une nouvelle ère.

L'Ecole de l'Exégèse, la doctrine juridique du début du XIXe siècle, scrutera le texte de loi, cherchant les intentions du législateur. Le culte de la loi écrite, le positivisme s'imposerait, davantage peut-être que la recherche du droit.

Mais le Code eut aussi ses détracteurs. Le juriste allemand Savigny, pour qui la loi n'était que la consécration juridique des mentalités en perpétuelle évolution, voyait dans le Code un coup d'arrêt figeant les transformations juridiques. On a reproché aux rédacteurs leur méconnaissance de la vie économique, parce qu'ils accordaient trop d'importance à la richesse immobilière, alors que les valeurs mobilières se développaient. On a condamné leur vision de la femme mariée, éternelle mineure soumise, ne pouvant agir qu'avec l'autorisation de son mari. On leur a reproché leur ignorance de la vie ouvrière, ne consacrant que deux articles aux relations entre les employeurs et les employés, alors que l'industrie se développait.

Ces reproches sont en partie exacts, encore qu'on pourrait les adresser également à la législation postérieure.

Quoiqu'il en soit, le Code civil apparaît comme un monument issu de divers mondes juridiques : le droit coutumier, divers, touffu, enchevêtré; le droit écrit, fondé sur le droit romain, cette raison écrite, ce modèle de toute législation, et qui suscite l'admiration des juristes de l'Ancien Régime; le droit royal, qui essaie de concilier et d'ordonner pour uniformiser; le droit de la Révolution enfin, qualifié de manière symptomatique d' « intermédiaire », qui voulut, au nom de la liberté et l'égalité, abolir des principes séculaires.

Les rédacteurs étaient conscients de la difficulté de leur entreprise : « Quelle tâche que la rédaction d'une législation civile pour un grand peuple ! » s'exclame Portalis dans son discours préliminaire. Mais il ajoute aussitôt : « L'ouvrage serait au-dessus des forces humaines, s'il s'agissait de donner à ce peuple des institutions absolument nouvelles, et si... on dédaignait de profiter de l'expérience du passé, et de cette tradition de bon sens, de règles et de maximes, qui est parvenue jusqu'à nous... ». Le ton est donné : le Code sera traditionnel, ce qui *a contrario* implique une certaine méfiance envers l'œuvre législative révolutionnaire. De grands principes, martelés dans ce même discours, balisent la démarche : être sobre de nouveautés, être conscient que l'on peut simplifier, mais que l'on ne peut tout prévoir, fixer les grands principes et ne pas descendre dans les détails...

Il faut insister aussi sur le réalisme, le détachement de ces rédacteurs qui ont beaucoup vu en peu de temps. Les excès révolutionnaires les rendront sceptiques sur la bonté naturelle de l'homme, qui leur apparaît souvent comme conduit par des pulsions qu'il appartient au législateur de canaliser. La loi doit contraindre, au nom d'un droit que la conscience nous convie à observer : « Le droit est moralement obligatoire; mais par lui-même, il n'emporte aucune contrainte; il dirige, les lois commandent; il sert de boussole, et les lois de compas. » De là cet esprit de conciliation qui conduit à rejeter ce qui est « usé et défectueux », et à garder ce qui est conforme aux changements politiques, même si cela vient de loin[1].

De là également ces discussions souvent passionnées qui précèdent l'adoption des projets, discussions qui s'élèvent jusqu'aux principes pour montrer la raison d'être d'une règle, qui en envisagent les implications sociales, avec souvent l'arrière-pensée de conserver le droit coutumier ou écrit, présenté comme le meilleur par leur défenseur.

Le Code civil de 1804 ne peut ainsi se comprendre sans recourir à ces travaux préparatoires que nous citerons souvent.

Il nous a été naturellement impossible d'envisager tout le Code civil. Nous avons seulement voulu montrer quel était l'esprit avec lequel le Code abordait les institutions les plus importantes. Des personnes, nous avons retenu le mariage, le divorce, la filiation. La propriété, ses modifications et les manières de l'acquérir, ont été développées amplement, parce qu'elles sont les fondements du Code. Sur trois livres, n'y consacre-t-il pas les deux derniers ? C'est pour montrer davantage cet esprit que nous avons conservé le plan même du Code civil, ce qui nous conduit à envisager les successions, testaments et donations, qui appartiennent maintenant au droit de la famille, dans le cadre de l'acquisition de la propriété.

Enfin, nous nous sommes volontairement abstenu de trop vouloir rentrer dans la technique juridique. Nous nous sommes toujours efforcé, suivant en cela les rédacteurs eux-mêmes, de montrer combien les racines historiques d'une règle ont d'importance. Nous avons ainsi souhaité faire nôtre, en la parodiant, cette phrase de Stuart Mill sur les économistes : « Un juriste qui ne serait que juriste serait un bien médiocre juriste. »

1. « Tout ce qui est ancien a été nouveau. L'essentiel est d'imprimer aux institutions nouvelles, ce caractère de permanence et de stabilité qui puisse leur garantir le droit de devenir anciennes. »

Chapitre Préliminaire

LA GENÈSE DU CODE CIVIL

I. — Les tentatives d'unification du droit sous l'Ancien Régime

« Les hommes changent plus facilement de domination que de lois. De là cette prodigieuse diversité de coutumes que l'on rencontrait dans le même empire : on eût dit que la France n'était qu'une société de sociétés... »[1] Voltaire soulignait déjà qu'en France on changeait de coutumes chaque fois que l'on changeait de relais de postes. La France constituait en effet une mosaïque juridique où plusieurs sources du droit, droit coutumier, droit canonique, droit romain, législation royale coexistaient. Ce pluralisme juridique engendrait maintes complications que le pouvoir royal voulut atténuer en réalisant l'unité juridique. Il n'y réussit pas, mais ces efforts ne furent pas vains. Ils préparèrent le Code civil, qui puisa dans l'une ou l'autre législation, principalement dans le droit coutumier et le droit romain.

La coutume. — Elle peut être définie comme un usage juridique, introduit par les mœurs, prolongé pendant un temps assez long et qui acquiert, par cette prolongation, une valeur obligatoire. Le groupe social élabore donc son propre droit, ce qui constitue un avantage évident : l'évolution juridique épouse mieux l'évolution des besoins.

1. Discours préliminaire prononcé lors de la présentation du projet de la commission du gouvernement, par Portalis.

Mais un inconvénient majeur demeure, l'incertitude juridique : quand un usage est-il devenu obligatoire ? Quel droit est-il applicable lorsque deux parties à un contrat sont de coutumes différentes ? Problème délicat si l'on précise que la France compta plusieurs centaines de coutumes. De là, la volonté du pouvoir royal d'unifier les coutumes en France. Son autorité croissante accélérera cette unification.

L'ordonnance royale de Montilz-lès-Tours (1454) ordonne la rédaction des coutumes, seul moyen de pallier l'incertitude juridique qu'elles créaient. Cette rédaction, entreprise par les praticiens locaux, contrôlée à partir de 1498 par des commissaires royaux, et approuvée par les États des pays aboutit ainsi, entre autres, à la rédaction de la coutume de Paris (1510) ou à celle d'Orléans (1509). Les coutumes trop localisées disparurent au profit des coutumes plus importantes. Mais la rédaction eut pour conséquence d'accentuer, du fait des textes désormais facilement consultables, les différences entre les coutumes. Il en résulta une « réformation » des coutumes, sous l'impulsion des gens du roi agissant avec les locaux. Furent ainsi reformées notamment les coutumes de Paris (1580), de Bretagne (1580) ou de Bourgogne (1575). On s'efforça d'unifier autour d'une grande coutume le droit « régional ». Cette unification du droit coutumier répondait en fait à un chauvinisme juridique : elle permettait de lutter contre le droit romain que certains voulaient imposer en France. Les coutumes réformées firent l'objet de nombreux commentaires et de comparaison quant aux solutions données sur un même problème. La coutume de Paris, considérée comme la plus importante, devint la référence pour pallier les incertitudes de solutions juridiques. Il se créa ainsi une doctrine du droit coutumier : au XVIe siècle, D'Argentré pour la Bretagne, Dumoulin pour Paris, Coquille pour le Nivernais laissèrent des commentaires qui influencèrent considérablement l'étude du droit coutumier. Loysel, au XVIIe siècle, traduisit les principes importants du droit français par des adages dont le pittoresque a su conserver le souvenir[1] : Cette marche vers l'unification du droit coutumier s'achève avec l'affirmation de l'existence d'un « droit commun coutumier ». En 1747, Bourjon publie ainsi *Le droit commun de la France et la coutume de Paris réduits en principes.*

1. « Qui fait l'enfant doit le nourrir ; en mariage, trompe qui peut ; qui épouse le corps, épouse les dettes ; boire, manger, coucher ensemble est mariage ce me semble. Mais il faut que l'Eglise y passe. »

La législation royale. — L'autorité croissante du roi va le conduire à intervenir, par ordonnances, dans le domaine du droit privé, de la compétence de la législation locale. L'intervention royale, modeste au XVIe siècle, deviendra l'un des facteurs d'unification du droit. L'ordre public sera l'un des prétextes avancés pour légitimer l'intervention législative royale. Tel fut le cas de l'ordonnance de Villers-Cotterêts (1539) qui prescrivit la tenue des registres d'état civil par les curés ; de l'édit des secondes noces, qui réglementa, à la suite d'un scandale, la situation des enfants d'un premier lit.

Le désordre judiciaire légitime, de même, les ordonnances de Colbert dans le domaine de la procédure civile (1667) ou pénale (1670). Enfin, les ordonnances du chancelier d'Aguesseau réglementant pour tout le royaume les donations (1731) ou les testaments (1735), concrétisent nettement une unification juridique en ce domaine.

Le droit romain. — Le seul droit romain qu'avait connu l'Occident était le Code de Théodose (438). Les Compilations Justiniennes, monument de concepts et de technique juridique du VIe siècle, étaient demeurées inconnues, l'empire d'Occident s'étant écroulé auparavant (476). Elles eussent d'ailleurs été peu utiles dans une civilisation rudimentaire. Le droit romain ne fut redécouvert qu'à la fin du XIe siècle.

Cette découverte correspondait en fait au renouveau d'une vie économique et urbaine dont la renaissance suscitait de nouveaux problèmes que le droit romain pouvait davantage résoudre. Mais il fallait tout d'abord expliquer ce droit romain dont la technique et les concepts étaient complexes. Ce fut l'œuvre des glossateurs, italiens d'abord. On les appela ainsi, à cause de leur méthode de travail, la glose, qui consistait à mettre en marge du texte romain l'explication des mots ou des solutions. L'école d'Orléans, française, pépinière des légistes du roi, dépassant les textes romains, commença d'en dégager les principes, mettant d'ailleurs le droit romain au service de la puissance royale. Les postglossateurs, aux XIVe et XVe siècles avec les

Italiens Bartole et Balde, s'efforcèrent d'appliquer les textes romains aux problèmes de leur temps. Mais leurs analyses, trop subtiles, parfois oiseuses, discréditèrent quelque peu le droit romain, et l'adjectif bartoliste devint péjoratif.

L'attitude du roi de France envers le droit romain fut tout d'abord hostile : le droit romain était la législation de l'empereur, successeur de l'empereur romain. L'enseignement en fut donc interdit à la faculté de Paris, interdiction confirmée par le pape Honorius III, dans une décrétale *Super specula* (1219) : le droit romain est inutile en France, car les laïques ne s'en servent pas. Mais il fut enseigné à Orléans... Au XIIIe siècle, lorsque le pouvoir royal s'étendit jusqu'au sud de la France, le droit romain, davantage implanté, n'y fut toléré que s'il ne contrevenait pas aux coutumes. Il fut d'ailleurs considéré lui-même comme une coutume. Une ordonnance de 1312 confirmera que les habitants y sont soumis, non parce que c'est un droit écrit, mais parce que c'est une coutume. Apparaît alors cette *summa divisio* de la France juridique. Au nord, les pays de droit coutumier, où le droit romain constituait l'ultime recours quand coutume et législation royale étaient impuissantes à résoudre un problème. Au sud, les pays de droit écrit, où le droit romain subsistait, à côté de quelques coutumes.

Le XVIe siècle, siècle de la Renaissance, fut également celui de l'humanisme juridique, dont le but était de retrouver le droit romain classique, débarrassé des apports postérieurs qui le ternissaient. Ce fut l'œuvre de juristes comme Alciat et surtout Cujas, qui formèrent l'école historique. Cette méthode, qui ne put éviter une érudition parfois pesante, des développements souvent compendieux, une vision parfois trop abstraite et théorique, éloigna le droit romain d'une application concrète. Mais certains juristes, tel Dumoulin, virent dans le droit romain une synthèse d'expériences et de principes où il était utile de puiser.

Au XVIIe siècle, Jean Domat s'efforça, dans son ouvrage *Les loix civiles dans leur ordre naturel,* de retrouver dans le droit romain les principes éternels de toutes législations, le droit naturel, et de les présenter selon un ordre logique. Son œuvre sera, avec celle de Pothier, juriste du XVIIIe siècle, reprise par les rédacteurs du Code civil. Le droit romain constituera ainsi un fonds commun juridique, qui influença le droit coutumier, et servit de modèle et de référence à la doctrine et à la pratique. Presque vénéré, il fut considéré comme « la raison écrite ».

Le rôle de la doctrine dans l'unification du droit. — La révolution intellectuelle qui s'accomplit à la Renaissance n'épargna pas le domaine du droit. Les humanistes n'étaient guère tendres à l'égard des juristes, que Luther qualifiait de mauvais chrétiens, ni du droit, qu'ils trouvaient inutilement compliqué et sophistiqué. Ils souhaitaient que, tout comme le protestantisme avait facilité l'accès aux Ecritures, le droit soit mis à la portée de tous. Mais il fallait mettre en ordre le droit et le présenter méthodiquement, découvrir la logique du système juridique, tout comme on avait mis à jour la logique de l'ordonnancement de l'Univers. Cette recherche de l'ordre s'effectuera d'ailleurs dans tous les domaines. *La logique de Port-Royal, Le Discours de la Méthode* en seront les manifestations intellectuelles les plus connues ; mais le jardin à la française, les règles théâtrales d'unité de temps, de lieu et d'action[1] en sont les manifestations artistiques.

Une mise en ordre fondée sur une logique déductive. — La Renaissance fut la redécouverte des auteurs antiques et tout particulièrement de la philosophie stoïcienne, dont la morale individualiste et les valeurs proches des idéaux chrétiens influenceront notablement les juristes. Les principes juridiques seront ainsi déduits de principes moraux, considérés comme universels, et érigés en axiomes : s'abstenir du bien d'autrui, réparer le dommage causé par

1. Qu'en un lieu, qu'en un temps, un seul fait accompli / Tienne jusqu'à la fin le théâtre rempli, écrira Boileau.

sa faute, respecter la parole donnée conduisent au respect de la propriété, à la responsabilité de ses actes et au respect des contrats. Telle sera la démarche de Grotius, juriste hollandais, qui déduira tout le droit de ces principes de morale.

Le juriste français Domat ordonnera, quant à lui, le droit romain archétype de tout système juridique, l'épurant de ce qui est anachronique. Il s'efforcera de l'asseoir sur des fondements chrétiens.

L'homme, créature divine, a des devoirs envers Dieu et envers les hommes. Pour favoriser l'exercice des devoirs entre les hommes, Dieu a multiplié les besoins de ses créatures, les poussant pour ainsi dire à s'engager les unes envers les autres. De là les engagements matrimoniaux, la diversité des contrats dont les règles doivent être puisées dans ce droit romain mis en ordre, « les loix civiles dans leur ordre naturel »[1].

Sans insister davantage sur ces problèmes fondamentaux, retenons en la conséquence essentielle, le lien entre la morale et le droit. Le droit est déduit de la morale universelle. Le droit romain, raison écrite, en est l'expression ; mais l'individu peut aussi en retrouver les principes en luimême. Cet effort de mise en ordre concernera aussi les coutumes avec des auteurs comme Laurier ou Bourjon.

Les plans d'exposition du droit. — Cette mise en ordre du droit impliquait une répartition logique des matières juridiques. A cet égard, l'influence du droit romain fut prépondérante, et presque toute la doctrine française reprit le plan des *Institutes* du juriste romain Gaïus, les personnes, les choses, les actions, mais en l'adaptant à la vision individualiste de l'époque. Le droit est l'instrument qui permet à chacun de satisfaire ses besoins économiques en réglementant les relations d'échange; la règle de droit protège également l'individu, dans sa personne comme

1. Pour de plus amples informations, cf. M.-F. Renoux-Zagame, Domat, le salut et le droit, *Revue d'histoire des facultés de droit et de la science juridique,* p. 69-111.

dans ses relations avec les objets. C'est dans cette optique que le plan de Gaïus sera transformé.

Selon M. Villey[1], Gaïus comparait le monde juridique à un théâtre où évoluaient les acteurs (les personnes), où étaient décrits les objets (les choses) et où étaient réglés les litiges entre les personnes et les objets (les actions). Description objective qui ne sera pas celles des juristes de l'Ancien Régime, plus individualistes. Leurs ouvrages envisageront certes les personnes, mais pour envisager leurs droits et devoirs, les choses, mais pour les qualifier de biens, c'est-à-dire ce qui est utile à l'individu, et enfin les obligations ou les manières pour l'individu d'acquérir les biens. Personnes, biens obligations, tels seront les plans des ouvrages d'Argou, Lamoignon, Doneau, Bourjon, Pothier qui synthétisa logique, droit romain et droit coutumier.

Quoi d'étonnant dès lors que les projets de Code civil de Cambacérès se divisent en trois livres, personnes, biens, contrats et que le Code civil lui-même présente successivement les personnes, les biens et les différentes modifications de la propriété, enfin les manières dont on acquiert la propriété? L'individualisme est seulement davantage axé sur la propriété. Le Code sera ainsi le véhicule des aspirations révolutionnaires qu'il concrétisera. Liberté, égalité, propriété seront des conquêtes reconnues par le droit. Mais plus que tout, l'individu demeure la préoccupation essentielle du Code : sa personne et sa place dans la famille; ses biens et le droit de propriété; comment il peut acquérir la propriété (par succession, par contrats...). Tels seront les trois livres du Code.

II. — L'élaboration du Code civil

Les tentatives de codifications. — La codification napoléonienne a réussi. Mais on ne saurait oublier qu'elle fût précédée par beaucoup d'autres. Les états généraux, conscients des problèmes posés par le pluralisme juridique, demandèrent en 1560, puis en 1576 un « recueil de ce qui devroit être doresnavant gardé et observé entre les sujets ». Brisson, président au Parlement de Paris, classa, en 1585, les ordonnances royales par matières. Ce fut

1. *Philosophie du droit,* Dalloz, 1979, t. II, p. 159 et s.

le Code Henri, qui fut suivi en 1614 du Code Marillac. Les ordonnances de Colbert et de d'Aguesseau unifièrent, on l'a vu, une partie du droit. La Révolution de 1789 reprit l'idée d'une codification. Un décret du 5 avril 1790 confirma qu'il serait fait un Code des lois civiles du royaume, affirmation reprise dans la Constitution de 1791. De fait, le bouleversement apporté par la législation révolutionnaire, les nouvelles idéologies, imposaient, de manière urgente, l'élaboration d'un Code. La Convention donna un mois à son Comité de législation pour lui présenter un projet. Cambacérès présenta en 1793 son premier projet, qui fut suivi de deux autres en 1794 et 1796, tous trois refusés.

La réalisation du Code civil. — Dernier acte enfin de cette codification, le Code civil, dénommé en 1807 le Code Napoléon. Un arrêté consulaire du 24 thermidor an VII (12 août 1800) nomme une commission de quatre membres pour rédiger un projet de Code civil : Tronchet, président du tribunal de cassation, Portalis, commissaire du gouvernement près le tribunal des prises, Bigot du Préameneu, commissaire du gouvernement près le tribunal de cassation, et Maleville, juge au tribunal de cassation et qui sera le secrétaire rédacteur. Le projet, rédigé en quatre mois, fut imprimé, communiqué au tribunal de cassation et à tous les tribunaux d'appel, dont les observations furent recueillies. Le projet fut soumis au tribunat et au Corps Législatif. Les tribuns faillirent repousser le titre premier. Une épuration opportune réduisit à néant cette opposition et la discussion put continuer.

Trente-six lois, adoptées séparément de mars 1803 à mars 1804 furent ainsi réunies en un Code civil des Français par la loi du 30 ventôse an XII (31 mars 1804).

Les rédacteurs du Code civil. — Portalis tout d'abord (1745-1807), dont on peut retenir la capacité à dominer la technique juridique par une hauteur de vue exemplaire et la prudence politique. Le premier trait a été mis en relief par Voltaire qui disait de la consultation de Portalis sur la validité du mariage des protestants que c'était « un véritable traité de philosophie de législation et de morale politique ». Son discours préliminaire au Code civil constitue un modèle de style, de pensée et d'exposition. Les problèmes les plus techniques y sont développés avec une grande logique, mais également montrés comme liés aux problèmes sociaux.

Prudence politique ensuite. Il s'éloigne pendant les événements révolutionnaires et doit se cacher dans une maison de santé. Il fit partie du Conseil des Anciens sous le Directoire ; il s'éloigne à la suite du coup d'état du 18 fructidor pour revenir après le 18 brumaire. Rédacteur du Code civil, ministre des Cultes sous l'Empire, il joua un rôle fondamental lors du Concordat. Il mourut en 1807, presque aveugle.

Tronchet (1726-1806). Avocat, jaloux des privilèges et des droits de la profession, il refusa de paraître à la barre après la réforme des Parlements par Maupéou en 1771. Il resta modéré pendant les événements révolutionnaires, et n'hésita pas à courir des risques en défendant Louis XVI. Homme d'Ancien Régime dans l'esprit, il refusera que les Etats Généraux deviennent Assemblée Nationale (Mirabeau l'appellera le « Nestor de l'aristocratie »), sera à l'origine de la distinction des droits seigneuriaux rachetables et non rachetables, au nom du respect du contrat. Il s'éloigne sous la Convention, revient sous le Directoire où il fait partie du Conseil des Anciens. Après le 18 brumaire, il préside la Commission de rédaction du Code civil. C'est auprès de lui, dit-on, que Bonaparte s'initiait aux arcanes juridiques.

Maleville (1741-1824). Juriste de formation, romaniste par prédilection, modéré par conviction, il se montra partisan d'une monarchie constitutionnelle, et s'opposa aux excès de la législation révolutionnaire. Au tribunal de cassation, il succède à Tronchet en tant que président de la section civile. Il traversa ensuite les différents régimes, en recueillant tous les honneurs : sénateur en 1806, comte d'Empire en 1808, il vote la déchéance de Napoléon Ier ; pair de France en 1814, il accepte la déportation du maréchal Ney. En 1820, Louis XVIII le fit marquis.

Bigot de Préameneu (1747-1825). Avocat, député de

Paris à l'Assemblée législative en 1791, il se montra peu révolutionnaire : défenseur des droits du roi, il s'opposa au projet de loi contre les prêtres réfractaires. L'émeute du 10 août le fit se cacher, pour réapparaître le 18 brumaire. Il occupa de hautes fonctions juridiques : commissaire du gouvernement près le tribunal de cassation, président de la section de législation au Conseil d'Etat, membre de la commission du Code civil. Comte d'Empire, ministre des Cultes après Portalis, il fut pair de France en 1815.

Ces hommes possèdent des points communs qu'il faut relever, car ils influenceront notablement leur vision de la société, donc du droit. Hommes de l'Ancien Régime, ils étaient des hommes mûrs lorsque la Révolution éclata. Ils en acceptèrent difficilement les principes, en fuirent les excès, et revinrent aux affaires dès qu'un régime fort, le Consulat, s'installe. Certains serviront Louis XVIII comme ils servirent l'Empereur.

Acollas[1] se montre très sévère avec les rédacteurs du Code civil. Portalis est un médiocre « qui avait besoin d'une monarchie pour y mouvoir à l'aise sa vulgaire ambition » et son discours préliminaire n'est qu'une « phraséologie... qui suffirait à fournir la mesure de sa valeur philosophique et oratoire ». Bigot de Préameneu est un homme « insignifiant... dont le principal mérite est d'avoir été la créature de Cambacérès ». Maleville, auteur d'une *Analyse raisonnée de la discussion du Code civil au Conseil d'Etat* est rarement parvenu à « pénétrer le sens » du Code civil... Tronchet apparait mieux traité : si ce n'est ni un grand homme, ni un grand législateur, « dans un temps où personne ne sut garder sa dignité, il eut cependant le mérite d'une sorte de supériorité relative ».

Sans être aussi excessif, il apparaît probable que des hommes formés dans l'Ancien Régime, qui ont fui les débordements révolutionnaires, qui serviront beaucoup de régimes, soient demeurés sceptiques sur la nature humaine, sur la valeur des serments, et sur les conséquences de bouleversements trop soudains. De là, leur attachement pour la restauration de la puissance pater-

1. *Manuel de droit civil,* Paris, 1869, t. 1, Introduction, p. XXXII et s.

nelle, une liberté individuelle encadrée et canalisée par une sage législation, et leur inclination pour les valeurs sûres que sont la propriété et le travail. Le scepticisme engendre conservatisme et autoritarisme.

Enfin, on ne saurait oublier les inspirateurs du Code que furent Bonaparte et Cambacérès. Tout a été dit sur l'influence du premier sur le Code : sa capacité de compréhension des problèmes juridiques qui étonna les rédacteurs, son bon sens qui mit fin aux querelles doctrinales ou techniques, souvent stériles, sa personnalité méditerranéenne qui pesa sur la conception de la famille, dirigée par un chef, le mari, auquel la femme, éternelle mineure, et les enfants, étaient soumis. Il serait à l'origine de l'importance accordée à l'adoption, du dogme de la propriété...

Quant à Cambacérès (1753-1824), il joua un rôle fondamental dans la rédaction du Code. Même Acollas, s'il est sévère sur la vie politique de Cambacérès (« elle offrit l'exemple de toutes les petitesses, de tous les revirements, de toutes les turpitudes ») reconnaît qu'il fut « l'âme des discussions d'où sortit l'œuvre napoléonienne ».

Chapitre I

DES PERSONNES

I. — Le mariage

1. **Le mariage, un engagement civil et social.** — « Familles, je vous hais » (Gide), « lorsque l'enfant paraît, le cercle de famille applaudit à grands cris » (Victor Hugo). L'importance de la famille, valeur fondamentale dont la force réside dans l'union du couple, explique pourquoi le législateur s'en est souvent préoccupé. A Rome, le mariage est qualifié par l'expression « justes noces », au sens de noces légitimes, ou, de manière encore plus significatives « en vue d'avoir des enfants ». Les lois caducaires romaines (18 av. J.-C. et 9 apr. J.-C.) visaient même à contraindre au mariage dans un but nataliste.

Le mariage renvoie aussi à la religion, qui consacre l'union de l'homme et de la femme. La Bible est remplie de prescriptions à cet égard : « Il n'est pas bon que l'homme soit seul... l'homme et la femme sont deux en une seule chair » (Gen. 2.18). C'est donc un sacrement, mais aussi un contrat, puisqu'il réunit deux êtres consentants. Le droit canonique voyait ainsi dans le mariage le symbole de l'union entre le Christ et l'Eglise, et en conséquence, se déclarait compétent pour en légiférer.

La famille, telle qu'elle est envisagée dans le Code civil, reste la famille légitime, fondée sur le mariage, à l'exclusion de la « famille naturelle ». Le mariage ne constitue pas seulement un engagement entre deux individus, mais aussi un engagement entre les conjoints et la société. Il est « un engagement social et comme un traité public dont les époux sont à la fois les parties et les ministres » (Gillet, Fenet, t. 9, p. 182). De là l'idée que le mariage, connu de tous, ne doit pas être confondu avec le concubinage « commerce ténébreux dont les victimes subissent le joug de tous les désordres, parce qu'elles ont rejeté celui des mœurs et repoussé celui des lois » *(ibid.)*.

2. **Le mariage.** — Juridiquement, le mariage marque l'engagement réciproque et social des futurs conjoints. L'importance sociale, et même politique, du mariage est souvent soulignée : « Les familles sont la pépinière de l'Etat et c'est le mariage qui forme les familles » (Portalis).

Mais le mariage constitue également un engagement moral qui permet à l'individu de transcender ses exigences purement physiques. Portalis distingue ainsi nettement le physique, l'ordre animal « qui porte un sexe vers l'autre » de l'ordre naturel qui est celui des humains. Cet ordre naturel pousse l'individu « au choix... à l'attachement personnel qui déterminent ce désir et le fixent sur un seul objet ». Il en résulte « des égards mutuels, des devoirs et des obligations réciproques ». Le mariage crée donc un véritable contrat moral entre les époux. Si l'aspect religieux du mariage ne prédomine plus, il n'en demeure pas moins sous-jacent, notamment chez Portalis qui voit dans le mariage « ce qu'il a toujours été, un acte naturel, nécessaire, institué par le Créateur lui-même ». Contrat moral transcendant le physique, le mariage ne doit pas être détruit par les exigences et les débordements de ce dernier. Il appartient à la loi de canaliser les passions destructrices. Portalis est sur ce point très clair : « Il était impossible d'abandonner ce contrat à la licence des passions », ajoutant que sans la loi « le genre humain eût péri par les moyens mêmes qui lui ont été donnés pour se conserver et se reproduire ». C'est pourquoi la loi impose des conditions au mariage et en détermine les effets, s'efforçant d'assurer avant tout la stabilité des unions matrimoniales en luttant contre les conséquences des passions individuelles passagères qui pourraient les emporter.

3. **Les conditions du mariage.**

A) *Les conditions de forme.* — Les conditions de forme ont notamment pour but de manifester les consentements des conjoints aux yeux de tous.

Cet aspect contractuel était essentiel pour le droit romain (ce n'est pas la consommation, mais le consentement qui fait le mariage, disait *Le Digeste*) comme pour le droit canonique. Les canonistes étaient d'ailleurs divisés sur le sujet. Ainsi pour Gratien, le consentement, essentiel, ne suffit pas cependant à rendre parfait le mariage. Il ne constitue que la première phase, le mariage n'étant complet que s'il a été consommé charnellement. Pour Pierre Lombard, le consentement suffit à lui seul pour rendre parfait le mariage. Ce fut ce point de vue qui l'emporta, avec sa conséquence primordiale : un mariage clandestin, qui n'est pas forcé, reste valable. On imagine les colères parentales devant des mésalliances indissolubles. L'Eglise y remédia lors du Concile de Trente en imposant les bans dans les paroisses des conjoints, la célébration du mariage par le curé de l'une de ces paroisses, et l'inscription dans un registre. Mais si ces mesures avaient pour but d'empêcher les mariages clandestins, ceux-ci, s'ils avaient lieu, restaient valables. La législation royale reprit ces dispositions, accentuant ainsi le caractère contractuel du mariage. Par ailleurs, les protestants qui ne pouvaient se marier religieusement après la révocation de l'édit de Nantes (1685), se virent offrir la possibilité de faire transcrire leur mariage par un juge. Le mariage devint dès lors aussi un acte civil. La Révolution garda le principe : le mariage doit être célébré devant l'officier d'état civil, et des témoins. Puis, l'acte de mariage est transcrit sur le registre de la mairie. Ces conditions de forme seront reprises par le Code, pour authentifier l'acte et lui conférer une publicité, l'aspect religieux étant désormais laissé à la liberté de chacun.

De fait, cette publicité n'est pas exempte d'arrière-pensées : elle permet « d'éviter les mariages clandestins, de faciliter les oppositions, et de donner ainsi aux parents le temps de ramener des jeunes gens que la passion égare » (Tronchet).

Ces conditions de forme ont également pour objet de sanctionner les concubinages, « ces unions passagères et fugitives que le plaisir produit et qui finissent avec le plaisir ». Les époux qui ne peuvent produire un titre doivent être mis au ban de la société, comme ayant laissé leurs passions les dominer.

B) *Les conditions de fond.* — En ce qui concerne les époux, ils sont soumis à des conditions d'âge. Il était nécessaire que la loi impose une uniformité d'âge, au détriment même du développement physique qui peut varier selon les individus. Portalis rappelle que dans l'Ancien Droit, les filles pouvaient se marier à douze ans et les garçons à quinze ans. Assez critique[1], il approuve le Code qui fixe l'âge du mariage à quinze ans pour les filles, dix-huit ans pour les garçons.

Il importe ensuite que le mariage ne soit pas forcé, c'est-à-dire que le consentement soit libre. La rédaction originellement proposée était ainsi conçue : « Le mariage n'est pas valable si les deux époux n'y ont pas donné un consentement libre. Il n'y a point de consentement : 1) S'il y a eu violence; 2) S'il y a eu erreur dans la personne... ; 3) S'il y a eu rapt... » Le consentement forcé entraîne la nullité du mariage. Les rédacteurs avaient ainsi l'intention de reprendre la conception de l'Ancien Droit. Sur l'intervention notamment de Bonaparte, il fut décidé que le rapt était un aspect de la violence, et qu'il convenait que la loi envisage et prévienne cette dernière, qu'elle soit physique ou morale, avant le mariage.

Une grande discussion s'éleva à propos d'une autre cause de nullité du mariage, l'erreur dans la personne, expression reprise de Pothier. Ce dernier n'envisageait, comme susceptible d'annuler un mariage, que l'erreur sur la personne physique, ce qui apparaît difficilement possible. Les rédacteurs voulurent alors élargir cette conception à l'erreur sur l'identité, hypothèse plus plausible après la période troublée de la Révolution française. Bonaparte voulut aller plus loin encore. L'erreur dans la personne comprend aussi l'erreur sur les qualités de la personne, ce qui était d'ailleurs l'optique du droit canoni-

1. « Un tel usage semblait donner un démenti à la nature, qui ne précipite jamais ses opérations, et qui est bonne ménagère de ses forces et de ses moyens : il n'y avait point de jeunesse pour ceux qui usaient du dangereux privilège que la loi leur donnait : ils tombaient dans la caducité au sortir de l'enfance. »

que. Chacun possède certes un état civil, mais également « des qualités morales, comme l'honnêteté, la douceur, l'amour du travail et autres semblables ». Et s'est-on trompé si le nom est erroné mais les qualités présentes? « Que sont, auprès des qualités naturelles, les qualités purement civiles?... Il serait barbare de détruire, après six mois un mariage, où chacun des époux a connu parfaitement l'individu auquel il a voulu s'unir. » Tronchet abondera en ce sens, voyant dans les qualités morales ce qui « personnalise » réellement l'individu : « C'est dans ce sens que le mot personne a constamment été pris. » Roederer s'opposera à une telle conception de l'erreur, alléguant que les époux s'étant vus avant et pendant le mariage, « ils s'acceptent mutuellement. Leur consentement porte donc certainement sur la personne; il n'est en défaut que sur le nom ». Et le mari qui voudrait annuler son mariage parce qu'il se serait trompé sur les qualités de son conjoint, outre sa fourberie et sa lâcheté, ressemblerait à l'acquéreur d'une maison qui la refuserait « parce que la rue où elle est située ne porte plus le même nom ». Tronchet lui rétorquera d'ailleurs « qu'on ne contracte pas un mariage comme on achète une maison » et que des époux qui ne se sont jamais vus conviennent d'un mariage, parce qu'ils connaissent leur environnement familial et sociologique. En fait, deux conceptions du mariage s'affrontent à travers cette discussion : un mariage doit continuer, malgré la déception des conjoints; un mariage repose sur l'entente réciproque des individus et, lorsqu'elle n'existe plus, il est dissous.

Finalement, l'article 180 retint comme cause de nullités en ce qui concerne les époux « le mariage contracté sans le consentement libre des deux époux ou de l'un d'eux... » ainsi que « l'erreur dans la personne ». Le consentement libre exclut naturellement toute forme de violence, tandis que l'erreur dans la personne demeure une formule quelque peu ambiguë. Portalis, en présentant cet article, confirma que l'erreur a pour « objet la personne même. Mon intention déclarée est d'épouser telle personne; on me trompe... j'en épouse une autre qui lui est substituée... le mariage est nul ». La jurisprudence ne retiendra d'ailleurs pas cette conception, s'orientant vers l'erreur sur les qualités de la personne. Mais n'est-ce pas attenter à la stabilité du mariage, dans la mesure où la déception des conjoints succède souvent à l'éblouissement des premiers temps du mariage...! Chaque conjoint pourrait s'estimer, quelque temps après, trompé sur les qualités de l'autre.

C) *Conditions tenant aux parents.* — Il s'agit là d'une évolution importante par rapport à l'Ancien Régime, où la liberté de choix des époux n'était pas forcément de mise, contrairement d'ailleurs au droit canonique qui y attachait une grande importance.

C'est la raison pour laquelle, par le biais du droit civil ou du droit pénal, la législation royale s'efforça, contre le droit canonique, de rendre l'autorisation des parents obligatoire à peine de nullité. L'ordonnance de Blois de 1579 stipulait ainsi que le consentement des parents était nécessaire à peine de nullité du mariage jusqu'à trente ans pour les hommes, vingt-cinq pour les femmes. L'enfant qui ne respectait pas cette disposition pouvait se voir privé de ses droits de succession. En témoignent les nombreuses pièces de théâtre où l'amour s'efforce de triompher des obstacles constitués par le refus des parents de consentir au mariage de leurs enfants. C'est Harpagon déshéritant son fils. Ajoutons qu'il fut décidé que même après leur majorité, les enfants devaient, par « sommations respectueuses », demander le consentement des parents. Le droit pénal fut également sollicité : on présume qu'il y a rapt avec séduction, puni de mort, dès lors que les parents n'ont pas donné leur consentement. En réalité, cette sanction fut rarement appliquée malgré une déclaration royale de 1730 qui la rappelait. Cette mesure avait pour finalité, tout comme l'exhérédation, de dissuader les jeunes gens de se marier clandestinement, et pour les parents, d'obtenir la nullité du mariage. La nullité ne pouvait évidemment être établie que sur le plan civil, puisque religieusement, le mariage était valable. (La validité religieuse n'empêchait d'ailleurs pas les sanctions pénales.) Il en résulta une différenciation entre les effets civils du mariage et sa légitimité religieuse. Le mariage illégal civilement était assimilé au contrat nul, avec la conséquence que les époux ne sont plus mariés et leurs enfants des bâtards. C'était confirmer que le mariage est à la fois un acte religieux et un acte civil.

Le Code civil maintint ces dispositions à peu près complètement. En effet, selon l'article 148, « le fils qui n'a pas atteint l'âge de vingt-cinq ans accomplis, la fille qui n'a pas atteint l'âge de vingt et un ans accomplis, ne peuvent contracter mariage sans le consentement de leurs père et mère : en cas de dissentiment, le consentement du père suffit ». Pourquoi cette primauté paternelle ? Dans un couple, « comme dans une société de deux », l'un des associés doit avoir la prépondérance. Elle appartiendra au père, qui a pour lui la « prééminence du sexe ».

L'article 148 repose sur un fondement : la loi doit endiguer les passions de l'individu. Ces dernières ne doivent pas mettre en péril une institution, le mariage, dont la finalité est la stabilité. L'histoire légitime une telle mesure puisque, comme Portalis le rappellera, « nulle part les enfants, dans le premier âge des passions, n'ont été abandonnés à eux-mêmes pour l'acte le plus important de leur vie » (Fenet, t. 9, p. 144). L'âge requis pour être dispensé de cette autorisation parentale se situe au-delà de la majorité civile. L'explication en est simple : du mariage dépendant « le bonheur ou le malheur de la vie entière des époux » *(ibid.)* le sort des familles, et, par-delà, les bonnes mœurs et l'ordre public, il importe que le choix soit mûrement réfléchi. Et les illusions peuvent encore séduire et induire en erreur à vingt-cinq ans. S'explique naturellement ainsi le recours au père et à la mère dont l'expérience saura mettre un frein à des passions déraisonnables et risquées. L'idée qu'il pourrait exister une atteinte à la liberté des époux ne se pose pas. Au contraire, la protection contre « la violence de leurs penchans », loin d'attenter à leur liberté, n'a pour but que d'éclairer leur choix, pour leur éviter un avenir malheureux (p. 144).

Une autre objection, « les parents ne pourraient-ils pas abuser de leur puissance ? », est écartée par Portalis. Son explication repose sur une conception quelque peu désabusée des sentiments qui existent entre parents et enfants : « Les pères aiment plus leurs enfans que les enfans n'aiment leur père. » En d'autres termes, l'enfant est par nature ingrat envers ses parents. Son égoïsme lui fait voir son intérêt à courte vue, et garder une rancœur envers un père qui, poussé par son sentiment naturel, doit contribuer au bonheur de son enfant malgré lui. Ainsi, un mariage conclu sur « l'incitation » des parents ne pourrait être annulé pour violence.

Notons la différence entre les âges auxquels fille et fils peuvent se passer du consentement parental : vingt-cinq ans pour ce dernier, vingt et un ans pour la fille. Cette différence s'explique, physiquement, par la précocité féminine : « La nature se développe plus rapidement dans un sexe que dans l'autre » (*ibid.,* p. 145). On pourrait penser que cette précocité physique accompagne une maturité plus grande chez la femme que chez l'homme, ce qui expliquerait que la femme peut se passer plus tôt du consentement des parents. Il n'en est rien. L'explication, de physique, devient psychologique. La femme, vieillissant plus vite, il serait contraire à son intérêt de retarder le moment de son mariage. Elle ne ferait que languir, au risque de perdre de ses attraits et donc des chances de s'établir. La finalité du mariage est ainsi clairement définie pour une femme : « une fille ne voit dans le mariage que la conquête de sa liberté », contrairement à l'homme « qui n'est que trop disposé au célibat » et qui « fuit le mariage comme on fuit la servitude ou la gêne » *(ibid.)*.

Il convient de noter l'importance de ce consentement, puisque l'article 152 exige que les enfants majeurs pour le mariage (25 et 21 ans) demandent « par un acte respectueux et formel le conseil de leurs père et mère ». Cette demande est imposée jusqu'à l'âge de trente ans pour les garçons, vingt-cinq ans pour les filles, et ce par trois fois. Après trente ans, un seul acte respectueux suffit, et le mariage peut avoir lieu sans le consentement parental. L'acte respectueux, notifié par notaire, ne doit pas être une vaine formalité car il faut absolument empêcher que « le flambeau de l'hymen ne devienne une torche de discorde ».

Un mariage célébré sans le consentement des parents

est nul et peut être remis en cause par les parents eux-mêmes ou par celui des époux qui avait besoin de ce consentement (art. 182). Le consentement des parents étant exigé pour la protection des enfants, il est normal qu'ils tentent de briser une union célébrée sans leur accord. « Ils vengent une injure... ils remplissent un devoir » (Fenet, t. 9, p. 168). Cependant, il peut paraître curieux de laisser la possibilité à l'époux qui a outrepassé la volonté parentale d'attaquer son propre mariage. En fait, c'est lui accorder la liberté de reconnaître son erreur, de regretter son acte. C'est lui restituer sa liberté d'action. Cette action en nullité est naturellement limitée dans le temps (un an) et n'est plus admise si le mariage a été tacitement accepté. La stabilité de l'institution ne pourrait souffrir des risques permanents de remises en cause. En revanche, le mariage pourrait être remis en cause par tout intéressé dès lors que les conditions d'âge, de consanguinité... n'ont pas été respectées. L'ordre social tout entier est concerné. Chacun doit pouvoir en faire respecter les règles.

3. Les effets du mariage.

A) *Les relations entre époux.* — « Les époux se doivent mutuellement fidélité, secours et assistance »; « le mari doit protection à sa femme, et la femme obéissance à son mari » (art. 212 et 213). On s'est plu à souligner la conception d'infériorité de la femme qui ressort de ce dernier article. Certes, mais elle ne date pas du Code.

Déjà le christianisme, plus précisément Saint Paul considérait la femme comme soumise au mari. Contrairement d'ailleurs à ce que l'on pourrait penser, le Moyen Age demeurera nuancé vis-à-vis de la femme. Il l'assimilera tout à la fois à Eve, cause des maux de l'humanité, et à Marie, la mère du Sauveur. Démon et tentatrice, elle est aussi la « dame » des romans courtois. Soumise à son mari dans les coutumes de l'Ouest, elle possède une certaine indépendance dans celles du Sud. Cependant, même si parfois elle exerce un métier, elle est considérée avant tout comme mère et gardienne du foyer. Cette conception l'emportera dès la Renaissance. L'importance accrue du droit romain conduira les juristes à considérer la femme comme une mineure, incapable d'agir sans l'autorisation de son mari. La société n'approuvera pas vraiment la femme qui veut échapper à cette condition. Molière qualifie les Précieuses de ridicules, critique la femme savante et fait dire à Arnolphe que « c'est assez pour elle... de savoir prier Dieu, M'aimer, coudre et filer ».

Les rédacteurs du Code ne semblent pas éloignés d'une telle conception. On ne peut, selon Portalis, que constater cette différence qui implique un rôle distinct pour chacun dans le couple qu'ils forment : « La femme a besoin de protection, parce qu'elle est plus faible ; l'homme est plus libre parce qu'il est plus fort ». Plus fort, moins dépendant, l'homme domine et doit protéger. Plus faible, la femme lui est soumise et doit donc lui obéir, cette obéissance n'étant qu' « un hommage rendu au pouvoir qui la protège ». Et Portalis d'insister sur le fait que cette obéissance n'est en rien déshonorante ou vexatoire pour la femme. Elle n'est que la conséquence de sa nature, plus fragile, plus sensible qui lui impose des devoirs plus austères. Quels sont ces devoirs ? « la femme ne peut avoir d'autre domicile que celui de son mari », qui, en contrepartie est obligé de la recevoir. Telle est l'obligation de cohabitation, que la jurisprudence tempérera si le domicile choisi présente des dangers pour la famille. Par ailleurs, la femme ne peut effectuer d'actes juridiques ou agir en justice sans l'autorisation de son mari.

Il s'agit donc pour le législateur d'une complémentarité des rôles, complémentarité que renforcent leurs devoirs réciproques : « Ils se doivent mutuellement fidélité, secours et assistance. »

La fidélité semble évidente. Cependant, les femmes « destinées par la nature au plaisir d'un seul et à l'agrément de tous » se doivent de respecter plus scrupuleusement ce devoir, la conséquence de leur infidélité étant plus grave que celle du mari. Les sanctions sont également différentes. Les obligations de secours et d'assistance visent des domaines différents. L'assistance concerne surtout l'entraide, les soins que doivent se prodiguer les époux en cas de maladie ou d'infirmité. Cruellement, cette obligation apparaissait légitimer le mariage pour Bonaparte qui déclarait « si l'on ne vieillissait pas, je ne voudrais pas de femme » (t. 9, p. 72 en note). Le secours concerne plutôt l'obligation de ne pas laisser dans la gêne matérielle le conjoint, « de lui fournir ce qui est nécessaire pour vivre » (Portalis), obligation qui, dans l'esprit des rédacteurs incombe davantage au mari.

Ces dernières obligations sont d'autant plus impérieuses qu'en l'absence d'une véritable protection sociale, la famille demeure la seule source d'entraide.

B) *Les relations entre les époux et leurs enfants.* — Elles sont définies par Portalis : « Nourrir, entretenir et élever ceux auxquels on a donné le jour » (termes repris par l'art. 203). Elles concernent « le bien-être de la personne » et son « avantage moral » (t. 9, p. 175) et ne font que traduire un principe général déjà énoncé en droit canonique ou par Loysel (« qui fait l'enfant doit le nourrir »). Mais le Code, à la différence de l'Ancien Droit, ne limite l'entretien matériel qu'aux enfants légitimes ou reconnus.

Les discussions relatives à cet article sont révélatrices. Certains contesteront l'obligation pour les parents d'entretenir leurs enfants. Boulay déclara qu'imposer « formellement au père l'obligation de ce devoir naturel, favorisera la paresse dans les enfans. » « Un père ne doit pas d'aliment à son fils majeur, il n'est tenu que d'entretenir et d'élever ses enfans » (Boulay) (t. 9, p. 67); Bonaparte s'opposera à cette conception restrictive, qu'il qualifiera de « révoltante ». Il préconisera une solidarité familiale, obligeant le père à nourrir et élever ses enfants mineurs, à les établir une fois majeurs, ou à leur fournir des aliments. Mais cette solidarité familiale n'est guère fondée sur le sentiment naturel ou sur l'affection. Elle n'est qu'une avance sur succession : « Le fils a un droit acquis aux biens du père : l'effet de ce droit est suspendu tant que le père vit; mais alors même il se réalise dans les besoins du fils » *(ibid.)*. Ces obligations, mal délimitées, sont réciproques, les enfants devant aider leurs parents dans le besoin. Cette solidarité doit s'étendre aux alliés, « la parenté d'alliance imitant la parenté par le sang » (art. 204 et 205). Portalis expliquera que si « les aliments comprennent tout ce qui est nécessaire », il faut distinguer le nécessaire absolu du relatif, que « la vieillesse a plus de besoin que l'enfance, le mariage que le célibat, la faiblesse que la force, la maladie que la santé », généralités évasives qui veulent pallier une réticence à l'entraide familiale. Quant au nécessaire relatif, il reste « à l'arbitrage de l'opinion et de l'équité » (t. 9, p. 177).

Mais que recouvre la notion d'entretien des enfants par les parents ? Fallait-il y inclure l'obligation de doter les filles lors de leur mariage ? Les pays de droit écrit, s'inspirant du droit romain *(lex Julia)* permettaient à une fille d'agir en justice pour contraindre son père à la doter. Cette règle n'existait pas dans les pays de coutume, Normandie mise à part. Maleville, appuyé par Cambacérès souhaitait que ce principe fût maintenu, ne serait-ce que pour interdire à un père de s'opposer constamment au mariage de sa fille « par caprice ou par un sordide intérêt » (t. 9, p. 59). Bonaparte, fidèle à son idée que le mariage constitue le seul moyen pour une fille de « s'établir », considérait que l'obligation du père de fournir des aliments allait jusqu'à marier sa fille.

Tronchet voulait au contraire que l'on appliquât le principe des pays coutumiers, majoritaire en France, le principe romain n'existant que pour contrebalancer une autorité paternelle considérable, désormais réduite dans le Code. Par ailleurs, donner une action à la fille serait contraindre le père à donner son consentement, « en le plaçant dans l'alternative ou de le donner ou d'exposer aux regards du public ses affaires » (*ibid.,* p. 61). D'autres arguments, plus ou moins spécieux, furent avancés pour s'opposer à l'obligation de doter : le père dénaturerait sa fortune pour échapper à son devoir; le mari épouserait sans dot, pour la réclamer après le mariage...

En définitive, l'obligation pour le père de doter sa fille ne fut pas retenue : « L'enfant n'a pas d'action contre ses père et mère pour un établissement par mariage ou autrement » (art. 204). Portalis donne la raison du maintien de la règle coutumière : « Il ne faut pas conserver aux enfans les moyens d'attaque, quand on a dépouillé le père de ses moyens de défense. » Notons le pessimisme ou le réalisme des rédacteurs qui, loin d'envisager les relations familiales sous l'angle des sentiments ou de l'affection, ne les décrivent que sous l'angle des affrontements matériels.

II. — Le divorce

1. **Les fluctuations juridiques.** — Le divorce est la rupture du lien conjugal. Il met fin à la famille, fondement de la société. De là les hésitations du législateur sur son opportunité.

De fait, si l'on considère le mariage comme un contrat fondé sur l'attirance réciproque d'un homme et d'une femme, le divorce doit être logiquement permis. Dès lors en effet que l'attraction mutuelle n'existe plus, le mariage doit pouvoir être rompu. Mais permettre la rupture d'un mariage au gré de la volonté des époux, n'est-ce pas accentuer l'instabilité familiale, et légitimer une cause de désordre nuisible à l'intérêt social ?

Ces questions difficiles à résoudre expliquent les fluctuations du législateur. Faciliter les divorces engendre une réaction moralisante qui aboutit à l'interdiction du divorce. Ce fut le cas à Rome, où la simplicité des procédures de divorce engendra une instabilité matrimoniale inquiétante. On cite toujours Sénèque qui s'offusquait des femmes comptant leurs années en fonction de leurs maris successifs, et non en fonction des consuls, comme c'était l'usage. La morale chrétienne provoqua une réaction : le divorce par consentement mutuel fut interdit (mais rétabli peu après, ce qui donne à penser que le législateur ne peut façonner les mœurs...), et le divorce ne fut autorisé que pour des motifs précis. L'instauration de la religion chrétienne en Occident devait conduire à l'interdiction du divorce.

Mais l'interdiction totale pour les conjoints de rompre leur union semble tout aussi nocive. Des palliatifs sont nécessaires. C'est pourquoi, tout en interdisant le divorce, au nom du caractère sacré du mariage, l'Eglise autorisa la séparation de corps, notamment pour l'adultère de l'un des conjoints. Par ailleurs, l'annulation du mariage reste possible.

Cette législation elle-même apparut trop contraignante vers la fin de l'Ancien Régime, quand les droits et intérêts de l'individu apparaissaient comme la finalité primordiale du droit. La liberté individuelle et la conception laïque et contractuelle du mariage conduisaient logiquement au rétablissement du divorce. Ce fut l'œuvre de la loi du 20 septembre 1792, qui l'autorisa : le consentement mutuel, l'incompatibilité d'humeur, et même l'émigration de l'un des conjoints furent des causes de divorce. Un décret de floréal an II permet également à l'officier d'état civil, au vu d'une attestation de séparation de six mois, de prononcer le divorce. Ce fut la porte ouverte à tous les excès.

Les rédacteurs du Code civil avaient connu ces débordements. C'est pourquoi l'introduction du divorce dans le Code civil allait susciter un vaste débat.

Allaient s'opposer les partisans de l'indissolubilité séculaire du mariage et ceux de la liberté individuelle, héritage révolutionnaire, sur lequel il semblait difficile de revenir. Les rédacteurs voulaient cependant éviter les excès de la législation révolutionnaire, jugée trop laxiste. De là, une méfiance envers un individualisme outrancier, porte ouverte aux passions individuelles qui peuvent se révéler désastreuses dans le droit de la famille.

2. **Une philosophie du divorce.** — La religion catholique constituait évidemment le premier obstacle à l'introduction du divorce dans le Code civil. Le mariage est un sacrement et, comme tel, indissoluble. « Ce que Dieu a uni, que l'homme ne le sépare pas » (Matth. 19.6). En fait, cet obstacle religieux fut habilement contourné.

Tout d'abord, l'indissolubilité du mariage ne fut-elle pas discutée par l'Eglise elle-même et ne trouve-t-on pas dans l'Evangile selon Matthieu l'idée que l'adultère de la femme pourrait constituer une cause de divorce? Ensuite, et telle est l'opinion de Portalis, la loi civile n'autorise pas le divorce; elle n'est instituée que pour en prévenir les abus. Le divorce est laissé à la liberté de conscience de chacun.

Mais l'abus de cette liberté pouvant nuire à l'ordre social, il convient que le législateur intervienne : « La loi civile dit ici : je laisse à la conscience l'usage du divorce ; mais si l'on en abuse contre l'ordre, je le défends. » L'on retrouve là, nettement affirmée, la conception d'une législation arbitre entre des passions, fussent-elles religieuses ou individuelles. Ce contrôle des passions individuelles va à l'encontre de la législation révolutionnaire. Désormais, l'individu est libre de vivre ses passions tant qu'elles ne nuisent pas à la société. Or, le mariage, on l'a vu, et les rédacteurs le répéteront à satiété, est une institution qui intéresse autant les individus que la société.

Stabilité familiale et intérêt social vont de pair et se rejoignent dans le mariage, qualifié de « plus sain des engagements... parce qu'il est le conservateur des mœurs » (Tronchet). Et, pour assurer cette stabilité familiale, il convient que le législateur mette des bornes aux passions effrénées : « L'intérêt public doit aller contre l'intérêt individuel ; il faut rendre le divorce difficile » (Tronchet). Dans le même sens, Treilhard s'exclamera qu' « il faut vendre chèrement le divorce », tandis qu'un Carion plaidera, devant le Tribunat, contre le divorce.

Les mêmes remarques seront reprises par Portalis dans son discours préliminaire. Il faut différencier le mariage qui est « un état » du plaisir qui est « fugace et passager ». Le mariage est précédé de solennités qui préviennent les passions. Un divorce trop facilement accordé, ne ferait que les encourager ou les faciliter.

3. **Les causes du divorce.** — Le divorce est ainsi conçu pour rompre une union devenue vraiment insupportable aux époux. Seuls de graves motifs peuvent le justifier. Tel

est le sens de la première proposition quant aux causes de divorce ; Boulay distinguait les causes « absolues » qui impliquent sans discussion l'autorisation de divorcer, des autres causes. Ces dernières, « qui sont l'effet de passions passagères », peuvent être aplanies par le temps, et « une séparation d'épreuve » de trois ans, convertible, si les sentiments n'ont pas changé, en divorce.

Ce schéma de base sera amplement discuté et modifié, puisque le Code civil autorisera le divorce pour adultère, excès, sévices ou injures graves et condamnation à une peine afflictive ou infamante.

A) *L'adultère.* — L'adultère devait, dans une première proposition, correspondre à des critères précis. Celui de la femme devait être « accompagné d'un scandale public, ou prouvé par des écrits émanés d'elle. Celui du mari doit consister dans l'entretien d'une concubine « dans la maison commune ». Cette différence d'appréciation fut justifiée par les conséquences de l'adultère de la femme, jugé plus grave, parce que pouvant introduire dans la famille un enfant « étranger » et ainsi la déstabiliser. Il convient en outre de noter l'importance accordée à l'opinion d'autrui pour les causes de divorce (scandale public, notabilité) et les adultères anonymes ne seraient pas des causes de divorce... On pourrait ainsi presque dire que c'est l'honneur, ou plutôt le déshonneur qui constitue la principale cause de divorce, plus que les sentiments des conjoints. La condamnation à une peine infamante comme cause de divorce connue de tous va dans le même sens.

Encore convient-il de remarquer qu'il n'apparaissait pas de la première évidence à certains que l'adultère du mari soit sanctionné. Deffermon, par exemple, approuvé par Roederer, trouve ainsi contraire à la décence et aux bonnes mœurs qu'une femme allègue une telle cause de divorce. Il faudra nombre d'interventions pour admettre que l'adultère du mari comme celui de la femme blessent également les sentiments de l'un comme de l'autre. En définitive, les articles 229 et 230 firent de l'adultère de chacun des conjoints une cause de divorce et maintinrent l'inégalité dans son appréciation : le simple adultère de la femme est une cause de divorce; celui du mari suppose « d'avoir tenu la concubine dans la maison commune ».

B) *Excès, sévices et injures graves.* — Ces faits ne constituaient pas une cause automatique de divorce, mais étaient primitivement rangés dans les causes de séparation.

Cette optique fut vivement critiquée dans la mesure où seule une séparation de trois ans permettant d'obtenir le divorce, cela revenait en fait à interdire le divorce au plus grand nombre. Par ailleurs, les rédacteurs s'attachèrent longuement à un aspect psychologique qui concerne une fois encore l'honneur. Peut-on admettre qu'un mari puisse, sans être ridicule, invoquer qu'il subit des sévices, des injures, de la part de son épouse ?

Tout mari est suffisamment puissant pour s'y opposer et serait encore plus ridicule d'invoquer cette cause pour divorcer. Il faudra que l'on donne l'exemple d'un vieux mari battu par une femme violente pour que la réciprocité de cette action soit accordée. En revanche, Bonaparte approuvera cette cause, qui pourrait masquer l'adultère ou l'attentat d'un conjoint contre l'autre. En définitive, elle devint l'article 231 : « Les époux pourront réciproquement demander le divorce pour excès, sévices ou injures graves, de l'un d'eux envers l'autre. » Mais ne paraît pas abandonnée l'idée que ces faits ne doivent pas avoir pour conséquence immédiate le divorce des époux. En effet, l'article 259 précise bien que, même si ces faits sont prouvés, « les juges pourront ne pas admettre immédiatement le divorce ». Ils peuvent imposer une année de séparation, à l'issue de laquelle le divorce devra être prononcé. Ainsi, le système proposé originellement, fondé sur les causes absolues et les autres, se maintint-il en filigrane. Les excès, sévices et injures graves doivent être véritablement insupportables pour justifier la rupture de l'union.

4. **Le divorce par consentement mutuel.** — Cette forme de divorce suscita des discussions animées, dans la mesure où elle apparaissait comme une facilité, offerte par la loi elle-même, pour rompre une union dont, par ailleurs, on ne cessait de proclamer la nécessaire stabilité. Le divorce par consentement mutuel consacrerait l'égoïsme des époux qui rompraient leur union pour leur satisfaction personnelle, oubliant l'intérêt des enfants. Or, dira avec force Bigot de Préameneu, le mariage concerne également les enfants et la société. Cambacérès verra dans les enfants des « tiers intéressés au contrat », subissant un préjudice. En revanche, certains, comme Bonaparte, se montrent plus nuancés. Le consentement mutuel éviterait la gêne de dévoiler les perturbations de l'intimité familiale, notamment l'adultère « phénomène de canapé très commun », et protégerait l'honneur des familles.

Mais il ne doit pas constituer un prétexte pour des ruptures faciles. Le consentement ne doit pas constituer une cause de divorce, mais constater qu'il existe des causes qu'il convient de taire. « Le divorce n'est pas prononcé parce qu'il y a consentement, mais quand il y a consentement. » Il pourrait ainsi intervenir en cours de procédure pour une cause quelconque. Cependant, des aménagements sont nécessaires pour en freiner la facilité. Cette optique prévalut. Au tribunat qui voulait l'interdire lorsqu'il existait des enfants, le Conseil d'Etat répondit que le divorce par consentement mutuel, parce qu'il couvrait des causes honteuses qui devaient rester ignorées, devait être autorisé lorsqu'il existait des enfants.

Des aménagements furent introduits qui avaient pour but d'éviter que la moindre difficulté fût cause de divorce. On le refusa aux époux mineurs (de 25 ans pour le mari, 21 ans pour la femme) ; on l'interdit avant deux ans de mariage, signifiant par là que les mésententes des débuts de mariage peuvent être aplanies. Mais on le refusa également après vingt ans de mariage, signifiant par là que des difficultés supportées aussi longtemps peuvent l'être éternellement... ; on le refusa enfin, par égard pour la femme, lorsqu'elle était âgée de quarante-cinq ans. De plus, pour éviter que le divorce par consentement mutuel ne soit entrepris légèrement, l'article 305 précise que « la moitié des biens de chacun des deux époux sera acquise de plein droit... aux enfants nés de leur mariage ». Le franchissement de cet obstacle matériel constitue la garantie de la sincérité des époux qui veulent se séparer.

Une autre cause de divorce fut évoquée, l'incompatibilité d'humeur, définie par Portalis comme un « motif qui n'a pas besoin de preuves ». Les rédacteurs s'opposent à ce mode de divorce, qui saperait la stabilité matrimoniale, « ruinerait l'autorité du mari » tout en « flétrissant » la femme (Portalis); la facilité de ce mode de divorce ferait du mariage un concubinage, et serait une porte ouverte à la facilité pour la jeunesse (Maleville). Seul, Bonaparte y apparaissait favorable, poussé par un certain réalisme : le mariage n'est pas toujours la conclusion de l'amour, et la femme, souvent contrainte de s'établir par mariage, doit pouvoir quitter facilement une situation devenue insupportable. En définitive, l'incompatibilité d'humeur ne fut pas retenue, ne serait-ce que parce que le consentement mutuel n'est qu'une incompatibilité réciproque.

5. **Les effets du divorce.**

A) *La situation des époux.* — Tout d'abord, les époux divorcés pourraient-ils se remarier ensemble? Il semblerait, et tel était l'avis du tribunat, que le remariage des époux devait être possible en raison de l'intérêt des enfants. Ce ne fut pas cette opinion qui prévalut : « Les époux qui divorceront pour quelque cause que ce soit ne pourront plus se réunir » (art. 295). Le divorce suivi d'un remariage fut considéré comme un moyen facile de changer de régime matrimonial. On retrouve de nouveau l'intérêt matériel qui l'emporte sur le sentiment envers les enfants; la stabilité familiale apparaît davantage celle des patrimoines que celle des enfants...

Par ailleurs, le divorce ne doit pas favoriser des passions condamnables, et l'adultère, outre qu'il constitue un délit pénal, apparaît également comme un « délit civil ».

Ainsi, en cas d'adultère, l'époux coupable ne peut se remarier avec son complice. En ce qui concerne la femme adultère, la loi la considère comme une criminelle qui doit être punie. Il fut ainsi proposé qu'elle soit « condamnée à la réclusion dans une maison de correction pour un temps déterminé qui ne pourra être moindre de trois mois, ni excéder deux années (en outre), la femme adultère ne pourra jamais se remarier ». Véritable paria, la femme adultère était en quelque sorte excommuniée civilement. Boulay justifie cette sévérité en affirmant que « la femme adultère, en violant le mariage, s'en est rendue indigne ». Mais paradoxalement, il conclut que si une nouvelle union pouvait aboutir à faire cesser « les dérèglements » de la coupable, il faudrait l'y « contraindre »... Le remariage ne serait-il qu'un châtiment pour punir une première union malheureuse ? Sans aller jusque-là, le Code civil, en son article 298 retint malgré tout la maison de correction pour la femme adultère et l'interdiction, pour l'époux adultère de se remarier avec son complice.

En ce qui concerne les conséquences du divorce sur la situation matrimoniale des époux, on peut noter que, de nouveau, le divorce apparaît comme un combat d'où sortent un vainqueur et un vaincu, lequel doit subir les conséquences de sa défaite.

Il perdra tous les avantages que son conjoint lui avait accordés. En revanche, l'époux « gagnant » les conservera. Bien plus, s'il n'existe aucun avantage ou s'ils ne lui permettent pas de vivre décemment, il obtiendra éventuellement de son « adversaire » malheureux une pension alimentaire qui pourra atteindre le tiers du revenu de ce dernier.

B) *La situation des enfants.* — Nous retrouvons l'idée que le divorce n'est qu'un combat dont les enfants peuvent constituer l'enjeu. Il fut en effet proposé de les confier à l'époux qui avait obtenu le divorce. Le Code civil adopta un autre principe : les enfants, durant la procédure de divorce, sont confiés au mari, qu'il soit demandeur ou défendeur (art. 267), excepté naturellement si l'intérêt des enfants s'y oppose. La qualité de chef de famille l'impose comme le gardien du foyer pendant cette période qualifiée par le Code de « temps des épreuves ». Une fois le divorce prononcé, les enfants sont confiés « à celui qui a obtenu le divorce ». L'enfant est bien le prix du vainqueur.

6. **La séparation de corps.** — La séparation de corps constituait, dans l'Ancien Droit, l'unique moyen de pallier la mésentente entre époux, tout en se conformant à l'indissolubilité du mariage proclamée par l'Evangile : le sacrement du mariage subsiste, ce qui implique l'interdiction du remariage. Ce *divortium quoad thorum* (divorce quant au lit dont nous avons fait séparation de corps) permettait, pour la seule cause d'adultère, la séparation des époux. Ce « divorce des catholiques » conservait évidemment la faveur de toute une partie de l'opinion.

C'est pourquoi on en proposa le maintien, ne serait-ce qu'au nom de la liberté de conscience. Pourtant, le principe de la séparation de corps fut vivement contesté, précisément au nom de la liberté individuelle. De quel droit peut-on empêcher des époux qui ne peuvent plus vivre ensemble de se séparer ? Par ailleurs, elle fut jugée comme hypocrite : ce « remède » ne sera-t-il pas pire que le divorce, et empêchera-t-il les turpitudes des époux séparés ? Bonaparte, comme Tronchet, insisteront sur cet aspect de la séparation. Certes, la conscience du croyant sera apaisée, mais est-il normal qu'il soit rendu ridicule par la conduite immorale d'une femme qui porte encore son nom ?

Pour ménager la liberté de conscience et l'honneur de l'époux, on ira jusqu'à proposer (Emmery) une procédure de rupture du lien conjugal qui dépendrait de la religion. Le mari de religion protestante devrait choisir le divorce si sa femme est coupable d'adultère ; le catholique opterait pour la séparation de corps, tandis que sa femme serait placée dans un couvent. On en reviendrait à l'application de l'Ancien Droit, où la femme adultère était authentiquée, c'est-à-dire déchue de ses avantages matrimoniaux et placée dans un couvent. Au cas où le mari refuserait de reprendre la vie commune après deux ans, la femme serait rasée et condamnée à la réclusion perpétuelle.

Cette procédure, qui aggravait en fait celle de l'Ancien Droit, fut en partie reprise par le Code. La liberté de conscience était certes assurée aux époux qui pouvaient opter entre le divorce ou la séparation de corps et la séparation de corps maintenait le lien conjugal. Cependant, elle ne pouvait avoir lieu par consentement mutuel. Par ailleurs, le mari qui a demandé la séparation pour cause d'adultère de son conjoint peut voir cette dernière condamnée à la réclusion dans une maison de correction « pour un temps qui ne pourra être moindre de trois mois ni excéder deux années » (art. 308). L'honneur du mari ne saurait courir le risque de continuer d'être bafoué si son épouse adultère demeure libre loin de lui... Cependant, s'il est généreux, il peut « consentir » à reprendre son épouse, et arrêter l'effet de la condamnation. Une volonté privée s'impose ainsi à l'action publique.

Enfin, si la séparation a été obtenue pour une autre cause que l'adultère, et a déjà duré trois ans, l'époux défendeur peut la convertir en divorce, si le conjoint séparé refuse de reprendre la vie commune.

III. — La filiation

La famille légitime sera privilégiée par le Code. Au contraire, la famille naturelle sera envisagée avec méfiance, comme constituant une menace contre la famille légitime et, par-delà, contre l'ordre social lui-même.

1. La filiation légitime.

A) *La présomption* pater is est... *et le désaveu de paternité.* — La préoccupation principale des rédacteurs est l'établissement de la paternité, considérée comme l'élément essentiel : « c'est par elle que les familles se perpétuent et qu'elles se distinguent les unes des autres : c'est une des bases de l'ordre social; on doit la maintenir et la consolider » (Bigot de Préameneu, t. 10, p. 135). Tout est dit : la paternité doit être prouvée; c'est la base de la famille. Et Bigot de regretter d'ailleurs qu'on ne puisse se fier pour l'établir à la nature qui « couvre d'un voile impénétrable la transmission de nos existences » *(ibid.)*, ni aux hommes dont les sentiments agités par les passions travestissent les réalités.

La preuve première se trouve dans le mariage : celui qui est marié et a des enfants en est logiquement le père. C'est une présomption d'ordre public *(ibid.)* que tous les peuples ont adoptée. Le tribun Lahary s'exclamera qu' « elle est fondée sur l'utilité publique, sur le repos des familles, et sur la tranquillité des mariages » (p. 164). Elle s'exprime par la règle romaine devenue célèbre : *« Pater is est quem nuptiae demonstrant »* (Le mariage désigne le père), ce que le Code exprime par : « L'enfant conçu pendant le mariage a pour père le mari » (art. 312).

Mais cette présomption, pour fondée qu'elle soit, ne saurait être absolue et doit pouvoir être combattue si des faits démontrent qu'à l'évidence un mari ne peut être le père de l'enfant. La possible destruction de cette présomption est dans l'intérêt même du mariage qui ne doit pas servir à légitimer un enfant. Mais on ne peut, dans l'intérêt même du mariage également, accepter n'importe quelle preuve démontrant la fausseté de la présomption.

Le droit romain, rappellent les présentateurs du projet, n'admettait que deux moyens pour s'opposer à la règle : l'impossibilité physique pour les deux époux d'avoir cohabité au moment de la conception ; l'impuissance du mari. D'Aguesseau suivait le droit romain. Longuement cité par les présentateurs, il refusait que l'absence du mari, si elle n'est pas certaine et continuelle, l'adultère, la déclaration même de la mère puissent aboutir à contester la paternité. Ce serait une atteinte aux fondements de la société.

Les présentateurs du projet vont critiquer assez sévèrement les règles romaines et d'Aguesseau. Cette législation permet trop facilement à la femme de cacher ses écarts de conduite : « N'est-il pas évident qu'elle favoriserait beaucoup trop cet esprit de légèreté et de galanterie qui se fait remarquer parmi nous, et qui, distinguant éminemment les femmes françaises, est bien plutôt un garant de leurs qualités aimables que de leurs austères vertus ? » (*ibid.*, p. 170).

Par ailleurs, l'exception même de l'impuissance est contestable : elle est difficile à prouver, comme le montre cet exemple célèbre sous l'ancien droit d'un mari considéré comme impuissant et qui donna naissance par la suite à de nombreux enfants. Elle a pour résultat de blesser le mari « de le livrer au mépris même de sa malheureuse épouse, de l'exposer à la risée publique, et de le couvrir d'un ridicule ineffaçable » (Lahary, p. 172). Enfin, admettre que le mari invoque son impuissance, ce serait admettre la tromperie du mari envers sa femme[1]. En conséquence, « le mari ne pourra, en alléguant son impuissance naturelle, désavouer l'enfant » (art. 313), ce qui *a contrario* laisse la possibilité d'invoquer l'impuissance accidentelle.

L'adultère de la femme ne saurait, non plus être invoqué. Il ne suffit pas à lui seul à prouver que le mari n'est pas le père : « La femme peut avoir été coupable sans que le flambeau de l'hyménée fût encore éteint » (Bigot de Préameneu, p. 137). Il faut en outre que la femme ait été condamnée pour adultère et qu'elle ait caché à son mari la naissance de l'enfant : l'épouse sincère ne dissimule pas la naissance d'un enfant : « Orgueilleuse de sa fécondité,

1. Cf. cette envolée de Duveyrier qui mérite d'être citée un peu longuement : « Comment concevoir sans être révolté, le cynisme impudent d'un homme qui pourrait révéler sa turpitude et son infamie pour déshonorer sa compagne et sa victime ? Certes, vous remarquerez que dans ce cas la femme aurait été la première victime de la fourberie de cet homme impuissant qui s'est présenté au mariage avec toutes les espérances de la paternité... l'homme doit supporter toutes les charges de la paternité dont il a témérairement affecté la puissance, et dévorer la honte d'un enfant qu'il peut n'avoir pas fait, mais qu'il a eu la frauduleuse audace de promettre à sa femme et à la société. »

elle eût dû se faire une véritable fête d'en faire hommage à son époux, et de le lui présenter comme un nouveau titre à son amour et à son respect » (Lahary, p. 175).

Enfin, une dernière cause peut être invoquée par le mari, une naissance dont la date laisse présumer que la conception a eu lieu hors mariage. Les observations, la tradition romaine montrent qu'un enfant naît rarement avant six mois de grossesse, soit cent quatre-vingts jours, et rarement après dix mois, soit trois cents jours de grossesse. Si tel était le cas, le mari peut désavouer l'enfant; mais ce désaveu ne serait pas admis si le mari a connu la grossesse avant le mariage, s'il a signé l'acte de naissance et si l'enfant n'est pas déclaré viable (art. 314). S'il a connu la grossesse, il est supposé s'être marié pour réparer sa faute; s'il a signé l'acte, il n'a aucune raison de revenir sur ses déclarations; si l'enfant n'est pas né viable, « toute recherche serait scandaleuse et sans objet » (Bigot de Préameneu, p. 140). Ce désaveu doit être intenté dans les deux mois de sa connaissance par le mari : il lui faut le rejeter sur le champ de la famille; « s'il diffère, il s'entend appeler du nom de père, et son silence équivaut à un aveu formel en faveur de l'enfant; la qualité de père que l'on a consenti à porter une fois est irrévocable » *(ibid.)*.

B) *La preuve de la filiation légitime.* — La filiation légitime se prouve d'abord par les actes d'état civil (art. 319). Ce sont des actes authentiques. Mais ils peuvent avoir été détruits : « A défaut de titre, la possession constante de l'état d'enfant légitime suffit ». Ceci signifie qu'il doit y avoir eu extériorisation de la relation entre le père et son enfant, que cette extériorisation laisse penser que le père a considéré l'enfant comme légitime (il lui a laissé porter son nom, il l'a éduqué comme tel), et que cette relation était connue de la famille et de l'opinion (art. 321). Ces indications ne sont données qu'à titre d'exemples. A plus forte raison, quiconque possède un titre et une possession d'état ne peut être contesté dans son statut d'enfant légitime (art. 322).

Enfin, un enfant peut ne posséder ni titre, ni possession d'état. Bien plus, comme le souligne l'article 323, il peut avoir été inscrit sous un faux nom, ou déclaré de père et de mère inconnus. Il est clair que cette volonté de dissimuler jette des doutes sur la légitimité. Mais des « circonstances extraordinaires, des passions qui auront égaré les auteurs de ses jours » (Bigot de Préameneu) ont pu faire obstacle à la possession d'état. Il lui faut la prouver d'autant plus fermement que les apparences sont contre lui. Le témoignage apparaît comme le seul recours. Mais les témoins sont-ils dignes de confiance ? « Comment pourrait-on avoir confiance, lorsqu'il s'agit d'attribuer les droits attachés à la qualité d'enfant légitime, droits qui emportent tous les genres de propriété ? » (Bigot de Préameneu, p. 145). Les témoignages ne pourront dès lors venir qu'en renforcement d'un commencement de preuve par écrit ou de faits suffisamment significatifs (art. 323). Ce commencement de preuve par écrit résultant lui-même d'actes privés des parents, par exemple.

2. **La filiation naturelle.** — La filiation naturelle est la reconnaissance du lien qui unit un enfant à son père, à sa mère, alors qu'ils ne sont pas mariés.

Le législateur s'est toujours méfié de cette filiation, y voyant une concurrence pour la filiation légitime. Et, si l'on voulait schématiser son attitude envers la filiation naturelle, on pourrait retenir que, lorsqu'il n'est pas inspiré par une morale ou une religion, il y reste indifférent. En droit romain, le père d'un enfant naturel peut ne pas se faire connaître ; l'enfant naturel n'apparaît pas dans l'ordre successoral. Mais rien n'interdit à un père de tester en sa faveur, ou de lui faire des libéralités. Le législateur ignore donc cette filiation, ignorance qui peut profiter à l'enfant naturel.

En revanche, l'irruption de la morale chrétienne, fondée sur l'ascèse et sur l'idée que la procréation ne peut avoir lieu en dehors du mariage, va rejeter l'enfant naturel.

Le père ne peut disposer en sa faveur que d'une partie minime de ses biens. Ce fut Justinien qui leur permit de demander des aliments et de succéder, s'il n'y a pas d'enfant légitime. Il permettra aussi une légitimation. En revanche, les enfants adultérins et incestueux étaient méprisés et assimilés aux enfants trouvés.

Le droit canonique se montrera extrêmement sévère à l'égard des enfants naturels : ils seront incapables de recevoir les ordres, ou de posséder un bénéfice. La législation civile les exclura presque du groupe familial : « bâtard est hors de lignage » (Beaumanoir), « bâtards ne succèdent point ». Certaines coutumes leur interdiront même de tester et, à défaut d'enfant légitime, leurs biens reviendront au seigneur ou, plus tard, au roi. Mais la charité chrétienne incite à ne pas abandonner l'enfant naturel et à le nourrir. « Qui fait l'enfant doit le nourrir », écrira Loysel. Il en résulte que le père sera conduit à participer à l'entretien de l'enfant, ce qui favorise la recherche de paternité. Cette dernière sera facilitée pour la mère, pratiquement crue sur parole lorsqu'elle désigne le prétendu père[1]. Les recherches de paternité seront ainsi souvent intéressées et seront la plaie des familles.

La législation révolutionnaire exclura au contraire la recherche de paternité, tout en améliorant le statut de l'enfant naturel. L'influence d'écrivains comme Rousseau vantant le droit naturel (Rousseau avait plusieurs enfants naturels, qu'il mit d'ailleurs à l'hospice...), le principe d'égalité firent qu'il se vit reconnaître des droits successoraux égaux à ceux de l'enfant légitime (décret du 12 brumaire an II).

C'était aller trop loin pour les rédacteurs du Code civil qui voulaient privilégier la famille légitime. Leur première tâche sera donc de faciliter l'accès de l'illégitime au légitime, par la légitimation des enfants naturels. Par ailleurs, au cas où cette légitimation n'est pas possible, il convient de leur assurer un statut en les liant à leurs père et mère, par la reconnaissance.

A) *La légitimation des enfants naturels.* — La famille légitime constitue le modèle dont certains se sont éloignés, poussés par leur nature déréglée. Le législateur doit leur permettre de discerner où est leur devoir, et se montrer prêt à pardonner. L'absolution juridique dépend de

1. *Creditur virgini dicenti se ab aliquo cognitam et ex eo praegnentem esse* (Président Favre) : la femme qui dit avoir connu et être enceinte de telle personne doit être crue.

la réparation de la faute[1]. Le mariage constitue ainsi un moyen de légitimer les enfants naturels, de les « élever au rang d'enfans légitimes » (Bigot de Préameneu). Et Bigot de Préameneu de montrer l'intérêt de cette légitimation avec des images que la religion ne renierait pas. L'ordre public est concerné par cette légitimation, qui évite le désordre d'un commerce illicite pour les parents : « La loi leur offre dans une union saine et respectable des avantages assez précieux pour les porter à la contracter. » L'enfant légitimé jouira de prérogatives attachés à son statut. C'est un « devoir de conscience » pour le père d'y songer. Par la légitimation, la femme peut « réparer sa faute, recouvrer son honneur, se rendre digne des titres honorables d'épouse et de mère » (p. 149). La légitimation par mariage soulèvera des objections morales : « On a craint que le concubinage ne fût encouragé, si les femmes qui se livrent à ce désordre pouvaient se marier à l'époque où l'homme, près du tombeau, ne serait plus arrêté par aucune considération » (Bigot de Préameneu, p. 152). L'Ancien Droit déclarait ainsi incapables de succéder les enfants nés de femmes qui avaient été épousées *in extremis*. La justice, l'ordre, la réparation des fautes font repousser une telle législation.

Cependant, le mariage est insuffisant à lui seul pour assurer la légitimation des enfants naturels. Ces derniers doivent, avant le mariage, être reconnus par les parents. Plusieurs objections se sont élevées contre cette contrainte : la crainte de devoir affronter les reproches de la famille, la rupture avec le droit canonique et l'Ancien Droit qui considéraient que la légitimation découlait du mariage. Les reproches de la famille ne sont rien face au

1. Cf. ainsi Lahary : « En imprimant une sorte de flétrissure sur ces hommes qui, livrés à la jouissance de plaisirs faciles, dédaignent de porter les charges de la société, et surtout celles du mariage, que pouvait faire de mieux le législateur que de les rappeler à leurs devoirs, lorsqu'ils n'avaient été qu'un moment égarés par le délire de leurs passions... C'est souvent l'inflexibilité des maximes qui retient pour toujours loin de la vertu celui qui s'y serait rattaché si on l'y eût rappelé par la douceur et l'indulgence » (p. 191).

devoir, dira Bigot de Préameneu; le système de l'Ancien Droit s'expliquait par le fait que l'enfant pouvait toujours agir pour être reconnu, ce qui n'est pas le cas dans le Code, puisque la recherche de paternité est prohibée.

B) *La reconnaissance des enfants naturels.* — L'impossibilité de la légitimation par mariage subséquent à l'égard de certains enfants conduit le législateur à leur conférer un statut. Ils ne peuvent certes être considérés comme légitimes ; mais leurs parents ont des devoirs envers eux. Un juste équilibre est à trouver. L'Ancien Droit admettait facilement la recherche de paternité. Cette attitude jugée laxiste est fortement critiquée par les présentateurs du projet, dans la mesure où elle laisse les familles à la merci d'intrigants. « Rien de plus fréquent autrefois que ces audacieuses réclamations d'état dont on assiégeait de toutes parts les tribunaux. Que de femmes impudentes osaient publier leurs faiblesses sous prétexte de recouvrer leur honneur ! Combien d'intrigants nés dans la condition la plus abjecte avaient l'inconcevable hardiesse de prétendre s'introduire dans les familles les plus distinguées et surtout les plus opulentes ! » (Lahary, p. 196). Les révolutionnaires avaient interdit la recherche de paternité. Le Code reprend le principe : la recherche de paternité est interdite (art. 340). Une exception romantique, s'il y a eu enlèvement à l'époque de la conception, le ravisseur peut être déclaré le père de l'enfant.

En revanche, la recherche de maternité est permise (art. 341). Ceci s'explique par la facilité de prouver l'accouchement. Mais, toujours dans le but de protéger l'honneur et la tranquillité d'une femme, l'enfant qui prétend que telle femme est sa mère ne pourra en apporter la preuve par témoins que s'il existe déjà des commencements de preuve par écrit (art. 341).

Le père seul peut donc reconnaître l'enfant. Il pourrait indiquer le nom de la mère, ne serait-ce que pour améliorer les recherches de l'enfant. Mais celle-ci, pour des raisons d'honneur ou de ressentiment, pourrait dénier cette reconnaissance. Les rédacteurs ont donc jugé plus favorable à l'enfant de considérer que la reconnaissance, acte de volonté individuelle, n'avait d'effets qu'à l'égard du père, lorsque le nom de la mère n'est pas indiqué (art. 336). Précisons que dans le but de protéger la famille légitime, un enfant naturel ne pourrait faire état d'une reconnaissance par son père, lorsque celui-ci est marié avec une autre femme que sa mère naturelle : « Il ne peut pas dépendre de l'un des époux de changer, après son mariage le sort de sa famille légitime, en appelant des enfants naturels qui demanderaient une part dans les biens » (Bigot de Préameneu, p. 157).

C) *Les enfants adultérins et incestueux.* — Le sort de ces enfants n'a jamais ému les rédacteurs, et les termes dans lesquels ils les évoquent ne peut qu'apparaître choquant de nos jours. — « La naissance d'un enfant, fruit de l'inceste ou de l'adultère, est une vraie calamité pour les mœurs. Loin de conserver aucune trace de son existence, il serait à désirer qu'on pût en éteindre jusqu'au souvenir » (Lahary, p. 196). Le mépris dans lequel ils sont tenus explique leur mise au ban de la société. Ils ne peuvent être légitimés par mariage subséquent (art. 331) : « Les fruits de l'adultère ou de l'inceste ne sauraient être ensuite assimilés à ceux d'un hymen légitime » (Bigot de Préameneu). Leur reconnaissance est interdite (art. 335) : « Flétrir ainsi la violation du saint nœud du mariage, c'est l'honorer de la manière la plus utile » (Lahary).

La législation sur la filiation tend à créer une filiation morale, qui constitue le modèle, la filiation légitime; il est possible d'y accéder; l'honneur et le devoir y incitent; c'est la légitimation, oubli des fautes et pardon du législateur. Il est impossible d'obtenir ce pardon pour les exclus de la société, quand bien même ils ne seraient pas fautifs. L'ordre public exige leur mise à l'écart.

Chapitre II

DES BIENS ET DES DIFFÉRENTES MODIFICATIONS DE LA PROPRIÉTÉ

« L'esprit de propriété double la force de l'Homme » (Voltaire), « le démon de la propriété infecte tout ce qu'il touche » (Rousseau), « la propriété est le produit spontané de la société et la dissolution de la société; la propriété est une institution de justice, et la propriété, c'est le vol » (Proudhon). On voit combien la notion de propriété, au cœur de tout problème social, est controversée et complexe.

Le Code civil lui accorde une place considérable, puisque, nous l'avons vu, les deux derniers livres y sont consacrés.

I. — La propriété, une idéologie ?

1. **Origine de la notion de propriété du Code civil.** — Le droit romain, comme souvent, mais en ce domaine plus qu'ailleurs peut-être, a fourni les cadres conceptuels. La propriété romaine a, naturellement, évolué, en fonction des conquêtes romaines. A l'origine, seul le citoyen romain pouvait prétendre être propriétaire. Ce *dominium ex iure quiritum* est apparu aux auteurs du siècle dernier comme le modèle de la propriété du Code civil. Opposable à tous, illimité, il se composait du triptyque devenu classique, même s'il n'est pas réellement romain : l'*usus,* le droit d'user de la chose dont on est propriétaire, l'*abusus,* le droit, non

d'en abuser, mais d'en disposer, enfin le *fructus,* le droit d'en recueillir les fruits.

Le préteur créa, à côté du *dominium,* une autre forme d'appropriation, adaptée aux étrangers, mais imitée du *dominium.* Diverses expressions furent utilisées pour qualifier ces différentes propriétés : *possessio, in bonis habere, et proprietas.* La disparition de la procédure formulaire, la fusion des sanctions de ces droits divers aboutirent à l'unification du concept, par Justinien, qui retint le nom de *proprietas.* Cette propriété romaine, simplifiée et claire, constituera une référence.

A cette clarté romaine s'oppose le flou juridique médiéval. Le concept de propriété s'insère dans un autre cadre, le système féodal : les terres sont concédées par un seigneur à charge de services : noble s'il s'agit d'un fief, économique s'il s'agit d'une censive (du nom de la redevance à payer par le tenancier). La terre peut également être concédée à un serf. Le tenancier possédait l'*usus,* le *fructus.* Il finira par conquérir l'*abusus.*

Il s'ensuivit ainsi un démembrement, d'abord psychologique, puis juridique de la propriété : le domaine éminent, la véritable propriété au sens actuel, appartient au seigneur, le domaine utile au tenancier. La conquête de l'*abusus* par le tenancier renforcera son droit, au point qu'on finira par le considérer comme le véritable propriétaire. C'était chose faite à la veille de la Révolution. Pour montrer la complexité de la propriété avant le Code civil, il faut ajouter que les différents droits collectifs avaient une importance considérable. Mentionnons simplement les communaux, terres communes à une collectivité (forêts, landes, terres vagues ou gastes) qui permettaient aux plus pauvres de faire paître leurs bêtes, les différents droits tels que l'affouage pour le ramassage du bois, le glanage, etc. Toutes ces approches de la propriété se trouvent réunies dans le terme ambigu de « saisine » qui exprime à la fois le droit de celui qui travaille la terre et le droit de celui à qui elle appartient. Plusieurs saisines peuvent coexister et différents droits se superposer ainsi sur une même terre. Cette conception sera contestée à la fin de l'Ancien Régime, notamment par les physiocrates, qui souhaitaient, au nom de l'Ordre naturel, une meilleure exploitation des terres, et partant, une rentabilité accrue qui passait par la disparition des droits collectifs et une simplification du concept de propriété.

La Révolution française concrétisa cette conception idéologique de la propriété.

Conception « idéologique », dans la mesure où la propriété est mentionnée parmi les Droits de l'Homme et du

Citoyen, comme un droit « inviolable et sacré » (Déclaration de 1789, art. 17). Les Déclarations de 1793 et de 1795 présentent de la propriété une vision davantage économique, inspirée, nous le verrons, de Locke, chantre de l'individualisme et du libéralisme. « Le droit de propriété est celui qui appartient à tout citoyen de jouir et de disposer à son gré de ses biens, de ses revenus, du fruit de son travail et de son industrie » (art. 16 de la Déclaration de 1793). Reprenant la même définition, la Déclaration des Droits et des Devoirs de l'Homme et du Citoyen de 1795 précise dans son article 8 des Devoirs : « C'est sur le maintien des propriétés que reposent la culture des terres, toutes les productions, tout moyen de travail, et tout l'ordre social. »

Au nom de la Liberté, les droits féodaux, contraires à cette idée de la propriété, furent abolis dans cette nuit demeurée symbolique du 4 août 1789. Symbolique fut en effet cette abolition, puisque ne furent abolis que les droits qui ne résultaient pas d'un contrat antérieur entre le seigneur et le tenancier. Restèrent exigibles les plus importants comme les redevances, sauf pour le tenancier à les racheter au seigneur à titre d'indemnités, ce dont seuls les plus riches étaient capables.

2. **La conception de la propriété dans le Code civil.** — Dans l'esprit des rédacteurs, la féodalité avait perdu le modèle romain, modèle qu'il convient de restaurer. Portalis voyait dans le régime féodal « une étrange révolution » où « toutes les idées sur le droit de propriété furent toutes dénaturées » (t. 15, p. 120). La seule institution qui échappe à sa critique est l'alleu, terre libre dont l'existence même prouve que la propriété féodale n'est qu'un accident de l'histoire. L'alleu fait partie de ces « étincelles de raison qui... laissent entrevoir les vérités sacrées qui doivent régir l'ordre social » *(ibid.)*. Cependant, si la propriété individuelle reste le modèle, il n'empêche que, déjà sous l'Ancien Régime, on s'interrogeait sur sa légitimité et ses fondements.

Deux explications coexistaient. Pour les uns, la propriété résultait d'une répartition des terres effectuée par le pouvoir politique ou par une convention passée entre les individus. Une meilleure exploitation des terres, communes à l'origine, avait nécessité cette répartition. Saint Thomas n'expliquera pas autrement l'origine de la propriété. M. Villey a clairement montré comment, avec Guillaume d'Ockham, le concept de propriété fut au XIVe siècle, compris comme un pouvoir exercé par l'individu sur l'objet. Il s'ensuivit, avec la place de premier plan occupée par l'Individu à la Renaissance, une critique de la communauté des biens, assimilée à l'état primitif.

Pour d'autres, la propriété, antérieure à la société et à l'Etat, est conçue comme le prolongement de la personnalité individuelle. Locke en a expliqué le principe : le travail effectué par l'individu sur un objet, et il faut entendre par travail, la prise de possession comme la transformation de l'objet, implique que cet objet dépende désormais de l'individu. Une telle conception influencera notablement les physiocrates et, à travers eux, les révolutionnaires et les rédacteurs du Code civil. Il appartiendra à la société de protéger cette propriété, dans la mesure où, fictivement, chacun n'accepte d'adhérer à un groupe qu'en raison de la protection qu'il y trouvera.

Portalis reprendra le raisonnement de Locke. L'Homme, être de besoins dès la naissance, possède un « droit naturel » sur ce qui est nécessaire à sa subsistance. Pratiquement, ce droit sera exercé par la prise de possession de l'objet, ou par sa production. Le fruit que l'on cueille, la terre travaillée, tout comme la récolte appartiennent à celui qui a fourni l'effort. « Le besoin et l'industrie sont les deux principes créateurs de la propriété » (p. 112). Portalis retrace ainsi l'origine de la propriété individuelle, d'abord mobilière, puis foncière, et « successivement, toutes les espèces de propriétés et de richesses qui marchent à sa suite » (p. 113). Le travail est ainsi glorifié, dans l'optique quasi protestante de la participation à l'œuvre divine : « C'est par notre industrie que nous avons conquis le sol sur lequel nous existons. C'est par elle que nous avons rendu la terre plus habitable..., la tâche de l'homme était, pour ainsi dire, d'achever le grand ouvrage de la Création » (p. 114). Le droit de propriété ne saurait donc résulter d'une convention humaine : « Le principe du droit est en nous... Il est la constitution même de notre être, et dans nos différentes relations avec les objets qui nous environnent » *(ibid.)*.

Cette conception individualiste aboutit inévitablement à la critique de la communauté originelle des biens. Pour Portalis (p. 112 et s.), elle n'est qu'une vue de l'esprit, qu'il convient de rectifier par une analyse juridique légitimant la propriété individuelle. Il reprend ainsi l'antique comparaison : « La terre est commune... comme l'est un théâtre public, qui attend que chacun vienne y prendre sa place particulière. » Ces biens, communs originairement, ne sont que des biens vacants, qui n'ont pour finalité que d'être occupés par l'individu, auquel ils appartiendront en propre. La nécessité, qui pousse à l'appropriation, est un droit, que complète l'appropriation, « certitude de conserver ce qu'on acquiert ». De là cette opposition à la vision rousseauiste du bon sauvage, « l'homme qui erre dans les bois, sans propriété » auquel on a fait « l'honneur de vivre dégagé de toutes les ambitions qui tourmentent nos petites âmes ». Une telle vision n'est qu'illusion; sa soi-disant sagesse n'est qu'indolence; son manque de désir résulte de son ignorance, mais le besoin révèle sa véritable nature : « Il veut obtenir par la force ce qu'il a dédaigné se procurer par le travail : il devient injuste et cruel. » On reconnaît là, et ceci est fondamental, la méfiance envers la nature humaine livrée à elle-même, sans encadrement juridique. « L'état sauvage est l'enfance d'une nation, et l'on sait que l'enfance d'une nation n'est pas son âge d'innocence. » On y décèle, *a contrario,* la louange adressée à celui qui a dompté ses passions, et qui vit d'une propriété obtenue par son travail.

La propriété est dès lors considérée comme le fondement de toute société civilisée ; le lyrisme accompagne l'énumération de ses bienfaits.

Portalis soulignera que le droit de propriété est « pour chaque individu aussi précieux que la vie même, puisqu'il lui assure les moyens de la conserver » (p. 133). C'est « l'âme universelle de toute législation », « le fondement de toutes les institutions sociales ». Elle éclaire l'Etat et les citoyens sur leurs devoirs réciproques. Elle constitue une garantie politique, puisque ce sont les propriétaires qui choisissent les gouvernants. La société doit donc protéger les propriétaires. Propriété et patriotisme vont de pair. « La stabilité de la patrie et la stabilité du territoire sont liées » (p. 134). Favoriser la propriété revient à favoriser l'amour des lois, « ouvrir les véritables sources de la prospérité générale ».

Le tribun Grenier ne sera pas en reste. Les malheurs des peuples proviennent « de l'oubli du principe conservateur de la propriété ». La propriété individuelle est ainsi « la source de tout l'ordre public » : l'Homme lui est redevable de toutes les jouissances, qui consistent principalement dans le développement de son industrie et de ses facultés intellectuelles. « C'est pour la garantir que toutes les puissances de la terre ont été établies » (p. 157). Pour certains même, la propriété constitue le moteur de la vie familiale : « Qui pourrait en effet, aspirer à la qualité d'époux, désirer celle de père, si, en prolongeant notre existence au-delà du trépas, nous ne transmettions pas avec elle les douceurs qui l'ont embellie ou du moins consolée » (Treilhard, t. 11, p. 33).

3. **La définition du droit de propriété.** — Cette conception idéologique de la propriété explique sa définition demeurée célèbre : « Le droit de jouir et de disposer des choses de la manière la plus absolue » (art. 544). Et les rédacteurs d'insister sur cet aspect absolu qui explique l'*usus* et surtout l'*abusus* : « qu'il la conserve ou qu'il la détruise, qu'il la garde ou qu'il la donne, il en est le maître absolu » (Faure, p. 135). Mais on ne saurait exagérer, semble-t-il, la portée de cet absolutisme : « L'esprit se refuse à voir ériger l'abus de la propriété en droit... la condition de ne point faire de sa propriété un usage prohibé par les lois et les règlemens est d'une justice évidente » (p. 159). Le contraire ne serait, pour Portalis « qu'indépendance » et conviendrait aux peuples restés

dans l'état de nature, l'état civilisé prône la liberté « sage comparaison des droits et des pouvoirs individuels avec le bien commun » (p. 116).

Il appartient donc au législateur de diriger le propriétaire dans ses actes. De là la limitation du droit du propriétaire, absolu « pourvu qu'il n'en fasse pas un usage prohibé par les lois ou par les règlemens » (art. 544). C'est le principe même du contrat social. Le fait d'être membre du corps social implique que « chacun a consenti d'avance à ces prohibitions auxquelles tous sont également intéressés » *(ibid.)*. Le meilleur exemple, retenu par le Code (art. 545) est l'expropriation : une propriété doit être cédée si l'utilité publique l'exige ; mais en contrepartie, l'Etat doit verser une indemnité, préalable et juste « proportionnée au sacrifice de l'individu » *(ibid.)*. Mais cette limitation suscite une méfiance envers ce qui pourrait se révéler un arbitraire étatique. Faure précisera que cette limitation ne saurait être elle-même absolue. Elle est limitée et légitimée par l'intérêt général : les limitations législatives doivent avoir cette finalité.

La propriété est donc envisagée, comme on l'a vu chez Locke, comme le prolongement de l'individu, par son action sur le monde extérieur, et sur les biens qu'il peut s'approprier. Intervient alors la notion essentielle de biens, objets de la propriété. Le Code divise ces biens en meubles et immeubles, distinction fondamentale qui provient d'ailleurs davantage de l'Ancien Droit que du droit romain.

« Tous biens sont meubles ou immeubles » écrira Loysel. Etaient ainsi considérés comme immeubles tout ce qui est fixé au sol, construction comme plantations ; ce qui est meuble, mais sert à l'exploitation d'un immeuble; les droits féodaux et ce que la loi qualifie d'immeubles, les offices par exemple. Etaient meubles ce qui n'était pas immeuble[1]. L'immeuble est considéré comme plus important, ce qui s'explique par le fait que la terre

1. Il faut ajouter une autre catégorie, les cateux, comprenant des biens qui passent d'une catégorie à l'autre : une récolte avant la moisson par exemple, d'immeuble deviendra meuble.

constitue la seule source de richesses et de puissance politique, alors qu'on accorde moins de valeur au meuble *(res mobilis, res vilis)*.

Cette distinction des meubles et des immeubles sera celle du Code civil (art. 516 : « Tous les biens sont meubles ou immeubles »). Dans les immeubles sont rangés les biens qu'on ne peut déplacer et ce que la loi déclare immeubles. On distingue ainsi les immeubles par nature, qui adhèrent au sol, mais on y range aussi les moulins « fixés sur piliers » (art. 519) et « les récoltes pendantes par les racines » (art. 520) et les arbres (art. 521) ; les immeubles par destination, c'est-à-dire « les objets que le propriétaire d'un fonds y a placés pour le service et l'exploitation de ce fonds » et « les effets mobiliers que le propriétaire a attachés au fonds à perpétuelle demeure » (art. 524). Suit une énumération bucolique qui qualifie d'immeubles par destination les pigeons des colombiers et les ruches à miel, les ustensiles aratoires et les poissons des étangs, bref tout ce qui peut être utile à l'exploitation rurale. Notons que le législateur favorise là l'agriculture, dans la mesure où, étant immobilisés, il est plus difficile à des créanciers éventuels de les faire vendre séparément du fonds. Enfin, « sont immeubles par l'objet auquel ils s'appliquent » les droits immobiliers tels que les servitudes, l'usufruit ou les actions immobilières. Les meubles comprennent les meubles par nature qui peuvent se déplacer ou être déplacés (art. 528) ou ceux que la loi déclare tels, comme les actions, obligations ou rentes (art. 529). Nous avons relevé la tendance du Code à favoriser l'exploitation rurale et nous verrons que la propriété immobilière sera davantage protégée. On a souligné là l'erreur des rédacteurs, qui se sont montrés peu perspicaces en négligeant l'importance naissante des valeurs mobilières et en demeurant soumis au physiocratisme. M. le doyen Carbonnier soutient au contraire[1]

1. Le Code Napoléon en tant que phénomène sociologique conférence du 6 mars 1981 au Centre de Philosophie du Droit.

que les rédacteurs étaient conscients que protéger la propriété mobilière eût été freiner sa qualité essentielle, la mobilité.

II. — Le droit de propriété

1. **L'étendue du droit de propriété.** — « La propriété d'une chose, soit mobilière, soit immobilière, donne droit sur tout ce qu'elle produit, et sur ce qui s'y unit accessoirement, soit naturellement, soit artificiellement. Ce droit s'appelle droit d'accession » (art. 546). Ainsi, l'on est propriétaire de ce que produit l'objet possédé, comme « les fruits naturels ou industriels de la terre, les fruits civils, le croît des animaux » (art. 547), ou de ce qui s'y ajoute (art. 551).

A) *Le droit d'accession sur ce qui est produit par la chose.* — Tout ce qui s'ajoute à la propriété appartient au propriétaire en vertu du principe que l'accessoire suit le principal. Ainsi, la propriété s'étend aux fruits naturels « qu'elle produit sans le secours de l'art », comme aux fruits industriels, « ceux que la terre ne produirait pas sans le travail de l'homme » (Portalis, p. 122). Portalis fonde alors le droit du propriétaire sur le travail et retrace une évolution qui relie le droit à l'économie. Reconnaître que le cultivateur a droit aux fruits de son travail implique qu'il a un droit sur la terre qu'il travaille. Ainsi, la jouissance individuelle des fruits du travail devient un fait, reconnu par la société, la possession. Cette dernière est elle-même consacrée par l'ordre juridique et devient la propriété. « C'est ainsi que d'année en année le cultivateur s'assurant les mêmes droits par les mêmes travaux, la jouissance s'est changée pour lui en possession continue, et la possession continue en propriété. Il faut donc bien avouer que le propriétaire du fonds est nécessairement propriétaire des fruits, puisque c'est le droit originaire du cultivateur sur les fruits qui a fondé la propriété même du sol » (p. 122). Il serait par ailleurs absurde de dissocier propriété du sol et propriété des fruits. Pour Faure, « l'accessoire est d'autant plus essentiel au principal que sans lui le propriétaire du principal ne serait pas plus avancé que s'il n'avait rien. Il ne pourrait avoir quelque chose qu'en aliénant le fonds ou en dissipant la somme qui le représente » (p. 137). Le croît des animaux obéit à la même logique : il est le complément obligé de la propriété qui autrement serait stérile et sans intérêt. Ainsi, fruit et croît appartiennent au propriétaire par droit d'accession.

B) *Le droit d'accession sur ce qui s'unit et s'incorpore à la chose.* — Une propriété peut s'accroître parce que, par exemple, des alluvions, apportées par une rivière riveraine, s'y déposent, ou parce que des constructions ou des plantations, qui ne sont pas du fait du propriétaire, ont été effectuées. C'est l'accession par incorporation. Un autre mode d'accession, plus complexe existe, la spécification : une matière première est transformée par le travail d'un tiers qui n'est pas le propriétaire. A qui appartient l'ouvrage ?

L'accession par incorporation. En vertu du principe hérité du droit romain, *superfecies solo cedit,* le propriétaire d'un terrain l'est de ce qui est dessus comme de ce qui est dessous.

Mais un tiers a-t-il construit avec ses matériaux sur un terrain qu'il croyait, à tort, lui appartenir ? Grotius, rappelle Portalis, souhaitait l'association entre le propriétaire et le tiers. Puffendorf a raison de critiquer cette solution, souligne-t-il : peut-on associer deux individualités qui ne le souhaitent pas ? et une telle solution ne respecterait pas le droit du propriétaire que tout doit avantager, afin que « l'impudent tiers » soit condamné. Il en résulte que le propriétaire est présumé avoir lui-même construit. Si la preuve contraire est apportée, il est lésé dans son droit et doit donc être indemnisé. Il peut donc, à son choix, conserver les constructions ou plantations, quitte à indemniser le tiers, ou l'obliger à remettre les choses dans leur état primitif. Comme l'explique Portalis, « il faut avertir les citoyens des risques qu'ils courent quand ils se permettent des entreprises contraires au droit de propriété ».

Un propriétaire a-t-il construit ou planté avec des matériaux d'autrui ? Deux droits de propriété entrent en conflit, celui du tiers et celui du propriétaire. Certes, pour Faure « il répugnerait à la raison que le propriétaire du sol profitât de ce qui n'était point à lui, sans en tenir compte au légitime propriétaire de ces objets » (p. 140). Mais le droit du propriétaire du sol doit malgré tout l'emporter : il reste propriétaire des édifices ou plantations en indemnisant le tiers, ou en lui versant des dommages et intérêts si il est de mauvaise foi (art. 554). Le propriétaire des matériaux perd donc son droit de propriété et ne peut récupérer son bien : « Enlever les arbres serait souvent les détruire ; enlever les matériaux, serait dégrader les constructions. L'équité ne permet pas de rendre le mal pour le mal, et souvent le résultat serait très stérile pour celui qui se serait ainsi vengé. » Le respect du propriétaire, fût-il indélicat, devient un axiome de morale...

L'alluvion. — Elle constitue une autre forme d'accession par incorporation. L'article 556 la définit comme « les atterrissements et accroissements qui se forment successivement et imperceptiblement aux fonds riverains d'un fleuve ou d'une rivière ». On notera les allitérations qui évoquent les lents et insidieux accroissements de la propriété. Les rédacteurs rejettent le principe féodal qui écartait le propriétaire au profit du fisc ou du roi. Il est naturel que l'alluvion profite au propriétaire. En effet, la nature aurait pu diminuer le fonds ; elle a fait le contraire. Que le propriétaire en profite : « L'incertitude des accidens forme la balance des pertes et des gains, et maintient entre eux un équilibre raisonnable » (Portalis, p. 129).

Ce droit du propriétaire est ainsi moins fondé sur la maxime *superfecies solo cedit* que sur les aléas de la nature. En revanche, et c'est la conséquence logique du raisonnement précédent, si une rivière enlève subitement une partie de la rive pour la porter plus loin, le propriétaire peut seulement réclamer, pendant un an, le terrain perdu. Il ne s'agit plus d'alluvions, accroissements lents, mais d'un accroissement subit, dû à un dérèglement naturel[1] :

L'accession par spécification. — Elle est également appelée accession mobilière et consiste dans l'incorporation d'un meuble à un autre. Pour déterminer qui est propriétaire du nouvel objet, on applique la règle selon laquelle l'accessoire suit le principal, quitte pour le propriétaire du principal à indemniser le propriétaire de l'accessoire, évincé. Mais quel est le principal et quel est l'accessoire? On répute accessoire l'objet qui n'a été uni que pour l'usage et l'ornement d'un autre (art. 567); dans le doute, le principal est le plus précieux, et, en cas d'égale valeur, le plus volumineux (art. 569). En fait, le problème de l'accession mobilière se pose le plus souvent dans un domaine précis : un artiste, un sculpteur par exemple, ou un artisan, crée, à l'aide d'une matière qui ne lui appartient pas, une œuvre. A qui appartient-elle? Au créateur ou au propriétaire de la matière première? Sans entrer dans les détails d'une matière complexe qui opposait déjà les juristes romains[2] retenons les principes essentiels. L'objet créé est-il constitué de matières séparables? Il appartient au propriétaire du principal, qui indemnise les autres (art. 566). Serait-il dégradé par une séparation de ses constituants? La copropriété entre les différents propriétaires est possible, en fonction de la valeur des matières constituantes (art. 573). Si l'un a fourni le travail et une partie de la matière, l'autre le reste de la matière, chacun est copropriétaire en fonction de son apport (art. 572). S'agit-il enfin d'une œuvre d'art? Si l'ouvrage vaut moins que la matière dont il est issu, il appartient au propriétaire de cette dernière. Dans le cas contraire, l'œuvre appartient à l'artiste (art. 570-571).

1. « L'on ne peut dire que la nature a uni ; on doit dire au contraire que la violence a désuni » (Faure, p. 144).

2. Deux écoles rivales s'opposaient sur ce problème : les Proculiens privilégiaient la forme, donc le travail du créateur, tandis que les Sabiniens, soutenant que sans la matière, il n'y aurait aucun travail possible, attribuaient l'objet au propriétaire de la matière.

2. **La possession.** — « Par la prescription, une chose est acquise lorsqu'on l'a possédée pendant le temps déterminé par la loi » (Bigot de Préameneu, t. 15, p. 573). Le temps constitue ainsi un autre moyen d'acquérir la propriété : celui qui se comporte comme le véritable propriétaire d'un immeuble, alors qu'il ne l'est pas, est considéré, après un certain temps, comme jouissant des prérogatives d'un véritable propriétaire. Le conflit entre le véritable propriétaire et le possesseur a été tranché en faveur de ce dernier, qui peut ainsi apparaître comme un « spoliateur ». Et pourtant, cette prescription acquisitive est qualifiée de « sauvegarde nécessaire de la propriété » (Bigot), de « palladium de la propriété » (Goupil, Préfeln). La raison en est simple : la possession, fait extérieur, conforte la propriété dans la mesure où elle en facilite la preuve. Il est en effet plus facile de prouver le fait matériel qu'est la possession que de remonter la chaîne des différents propriétaires, en prouvant que chacun d'eux l'était vraiment.

Ensuite, le temps légitime le possesseur qui s'occupe de l'immeuble et discrédite d'autant le propriétaire qui néglige son droit. Tout se passe comme si l'ordre social le considérait coupable de négligence, le sanctionnait en privilégiant celui qui se substitue à lui. Le désintérêt de sa propriété, presque impensable, ne s'explique que par la volonté tacite de céder son bien : « la loi elle-même peut présumer que celui qui a le titre a voulu le perdre, remettre ou aliéner ce qu'il a voulu prescrire » (Bigot, p. 575). La possession constitue donc un moyen d'acquérir avec le temps. Mais quelle possession? Pendant combien de temps? L'article 2228 précise qu'il doit exister entre le possesseur et la chose possédée une relation directe (on détient par nous-même) ou indirecte (quelqu'un détient pour nous, en notre nom, ce qui exclut locataire ou dépositaire). Par ailleurs, l'article 2229 stipule que la possession doit être « continue et non interrompue, paisible, publique, non équivoque et à titre de propriétaires ». En d'autres termes, il convient que le possesseur apparaisse comme le véritable propriétaire que l'ordre social souhaite consacrer. Pour ce faire, le Code précise qu'il doit exercer réellement la relation avec l'objet ou le droit par « sa détention ou sa jouissance », ce qu'on appelle le corpus (art. 2228), auquel doit se joindre le second élément de la possession, l'*animus,* l'intention de se comporter en propriétaire, ce qui implique la présomption « de posséder pour soi et à titre de propriétaire » (art. 2230). Cette dernière raison explique aussi le temps nécessaire à la prescription. — L'intérêt de l'agriculture exige que le possesseur soit fixé rapidement. Il convient pour le possesseur de bonne foi de réduire le temps de prescription à vingt ans ou dix ans selon que le véritable propriétaire habite ou non dans le ressort de la cour d'appel, afin de donner à celui qui possède « une plus grande faveur en raison de la négligence du propriétaire; et cette faute est regardée comme plus grande s'il est présent » (Bigot, p. 592). La prescription normale est de trente ans.

Le possesseur est ainsi protégé par l'ordre juridique. Trois actions, héritées de l'Ancien Droit, que le Code ne mentionne pas, mais que la jurisprudence a consacrées, le protègent de troubles éventuels envers sa possession : la complainte le garantit contre les troubles provenant d'un tiers, la réintégrande lui permet de récupérer ce qui lui a été ôté avec violence, la dénonciation de nouvel œuvre lui permet de prévenir des troubles éventuels.

Cette législation concerne les immeubles, et eût été plus difficilement applicable aux meubles, en raison précisément de leur plus grande mobilité. C'est pourquoi dans un article célèbre, le Code précise qu' « en fait de meubles, possession vaut titre » (art. 2279). Le seul fait de détenir un meuble équivaut à un titre de propriété. Cette règle trouve son origine dans un adage de l'Ancien Droit, « meubles n'ont pas de suite », qui interdisait la revendication d'un meuble dont on avait perdu la possession. La redécouverte du droit romain, qui acceptait la revendication des meubles, restreignit la règle qui devint « meubles n'ont pas de suite par hypothèque ». Mais la revendication des meubles nuisant à la sécurité des transactions fit préférer le possesseur au propriétaire, et conduisit au fameux article 2279. On ne peut donc revendiquer un meuble, sauf s'il a été perdu ou volé, et ce pendant trois ans, quand bien même le propriétaire aurait été abusé.

Ajoutons l'invention, c'est-à-dire le fait de trouver un objet perdu, notion qui va s'appliquer à la découverte d'un trésor, « toute chose cachée ou enfouie sur laquelle personne ne peut justifier sa propriété et qui est découverte par le pur effet du hasard » (art. 716). Ce trésor appartient au propriétaire qui le trouve sur son fonds; si c'est un tiers qui le découvre, le propriétaire du fonds partage avec lui. Nous retrouvons là schématisées les deux idées maîtresses de la propriété et de la possession : le propriétaire a droit à tout ce qui se trouve sur son fonds; le possesseur doit se substituer au propriétaire qui n'a pas exploité suffisamment ses droits.

Chapitre III

DES DIFFÉRENTES MANIÈRES DONT ON ACQUIERT LA PROPRIÉTÉ

I. — Les successions

Les successions constituent ainsi le premier moyen permettant d'acquérir la propriété : « La propriété s'acquiert et se transmet » (Siméon, t. 12, p. 215). Organiser les successions revient en conséquence à régir les transmissions des propriétés, à déterminer qui remplacera le propriétaire. Et, de fait, la succession est bien comprise comme ce remplacement inéluctable, maillon de la chaîne des générations : « L'héritier est un autre nous-même qui nous représente dans la société; il y jouit de nos biens, il y remplit nos obligations » (Treilhard, *ibid.*).

Cette transmission peut s'effectuer par la loi elle-même ou par la volonté de l'individu qui désigne ses successeurs.

1. **Les successions légitimes ou « ab intestat ».** — L'évolution de la succession *ab intestat.*

L'Ancien Droit romain distinguait plusieurs ordres d'héritiers. Tout d'abord, les *sui heredes,* c'est-à-dire les enfants et petits-enfants, à l'exclusion des membres émancipés ou sous la dépendance d'une autre famille, telles les filles mariées. Les *sui heredes* se partagent également les biens de la succession, les petits-enfants se répartissant également la part de leur père prédécédé. A défaut de *sui heredes,* est héritier l'*agnat* le plus proche, c'est-à-dire le parent le plus proche du côté du père. Enfin, à défaut, l'ensemble de la gens recevait la succession.

Le Code de Justinien accentua l'importance de la famille par le sang : les descendants sont les premiers héritiers ; à défaut, viennent les ascendants et collatéraux privilégiés (frères et sœurs ayant les mêmes parents que le défunt) ; les autres collatéraux priment le conjoint survivant.

L'Ancien Droit coutumier privilégia la succession *ab intestat*. La coutume, et non l'individu, désigne l'ordre des successibles. Faut-il voir là une réminiscence des communautés franques dominant leurs membres? La volonté individuelle s'exerce seulement, nous le verrons, envers ce qui sera longtemps considéré comme accessoire, les meubles et acquêts[1]. L'Ancien Droit coutumier distinguait ainsi, ce qui fera sa complexité, mais aussi sa richesse, plusieurs modes de successions, s'efforçant principalement de protéger la famille en lui conservant ses biens.

La succession aux propres. Deux adages montrent bien cette volonté de conserver les biens : « propres ne remontent », ce qui signifie que les biens propres sont attribués aux collatéraux, peut-être plus capables de les protéger. La règle n'est d'ailleurs pas très claire et fut appliquée diversement. Toujours est-il qu'au XVIe siècle, il semble que les ascendants soient admis à succéder, l'adage signifiant alors que les ascendants ne succèdent pas aux propres qui ne proviennent pas de leurs lignes. Ce ne serait qu'une variante du second adage, *paterna paternis, materna maternis* : les propres provenant de la ligne paternelle sont attribués aux héritiers collatéraux paternels, ceux provenant de la ligne maternelle étant attribués aux héritiers maternels.

La succession aux meubles et acquêts. Là encore, les descendants légitimes sont les premiers héritiers ; à défaut s'établit une concurrence entre les ascendants et les collatéraux, certaines coutumes privilégiant les premiers (Paris), d'autres excluant les ascendants (Ouest), d'autres enfin opérant un partage, les acquêts allant aux ascendants, les propres aux collatéraux.

Les particularités des successions « ab intestat ». La nécessité de remplir les obligations féodales aboutit à écarter les femmes de la succession aux fiefs ; elle conduisit également à privilégier l'aîné. C'est ainsi que pour éviter un démembrement de fief qui nuirait aux services féodaux, le fief est souvent dévolu à l'aîné, considéré par le seigneur comme le seul responsable (parage, miroir de fief), quitte pour l'aîné à sous-inféoder le fief à ses frères (frérage). Enfin, l'aîné peut s'attribuer une part de la succession avant ses frères *(préciput)*

1. Rappelons à cet égard la distinction fondamentale des immeubles selon leur origine. Sont appelés propres tous les biens immeubles qui sont acquis par succession d'un parent, ou donné par un ascendant. Les acquêts sont les immeubles acquis à titre onéreux ou gratuit.

Les préjugés sociaux conduisent à exclure des successions, les bâtards et à défavoriser parfois les filles. Ainsi, en Normandie, les filles n'héritent qu'en l'absence de fils. En présence de fils, elles ne recueillent qu'un tiers de la succession. Et la fille mariée ne peut réclamer une part de la succession.

Dans les pays de droit écrit, le droit romain s'imposa. Cependant, un droit coutumier persista, qui excluait également les filles déjà dotées des successions aux meubles et acquêts, ou les y faisait renoncer (Bordeaux, Toulouse). Quant aux propres, la volonté de les maintenir dans la famille conduisit à exclure les mères de la succession de leurs enfants pour les biens provenant de la ligne paternelle (Edit des Mères, 1567). Cette application stricte de la règle *paterna paternis* échoua, et les règles romaines s'appliquèrent principalement.

2. **Le Code civil.**

A) *Qui peut succéder ?* — La loi détermine l'ordre de succession, parce que le défunt n'a pris aucune disposition testamentaire. La loi se substitue à sa volonté : « Elle doit donc prononcer comme eût prononcé le défunt lui-même, au dernier instant de sa vie, s'il eût pu, ou s'il eût voulu s'expliquer » (Treilhard, p. 137)[1]. Les premiers à succéder seront ceux pour lesquels le défunt est censé avoir davantage d'affection, les plus proches par le sang.

Ce seront donc les enfants, et à défaut, les ascendants et collatéraux (art. 731). Cependant, cet ordre de succession, qui est le plus conforme pour le Code, à l'ordre naturel, peut être bouleversé. Un héritier peut ainsi être indigne de succéder parce qu'il a attenté à la vie du défunt, qu'il l'a calomnié ou parce que, instruit du meurtre du défunt, il n'a pas dénoncé le meurtrier (art. 727) : « Ce parent coupable ou lâche devrait-il hériter de celui qu'il aurait assassiné ou dont il aurait laissé les mânes sans vengeance ? Non certainement : et celui-là ne peut réclamer les droits

1. Plus haut, Treilhard avait défini la succession comme « le testament présumé de toute personne qui décéderait sans avoir valablement exprimé une volonté différente » (p. 136).

de la nature qui en a abjuré tous les sentimens » (Treilhard, p. 140)[1].

L'ordre légitime peut être bouleversé parce que le défunt ne laisse après lui ni descendants, ni ascendants. L'Ancien Droit admettait alors, rappellent les présentateurs du projet, que l'épouse succède ou, à défaut, l'Etat. Mais le Code va leur préférer les enfants naturels reconnus. Leurs droits sont « plus légitimes », dira Treilhard. Mais les considérer comme successibles, c'est provoquer un conflit entre la nature qui pousse à aider ces enfants, et la société qui répugne à leur reconnaissance. De là la justification juridique : ils ne sont pas héritiers, comme les enfants légitimes, mais la loi leur attribue ce à quoi ils ont droit : « Les enfants naturels n'exerceront pas des droits de famille; ils sont hors de la famille; mais le sang de leur père et de leur mère coule dans leur veine; ce sont les droits du sang que le Code leur adjuge » (Siméon, p. 230). Les enfants adultérins sont naturellement exclus : « Ils n'ont pas même de créance; ils n'ont droit qu'à la pitié : elle ne leur a jamais obtenu que des aliments. Si nous nous occupons d'eux, ce n'est pas qu'il soit permis de reconnaître les fruits de l'inceste et de l'adultère comme ceux d'une cohabitation illégitime, mais tolérée. Le Code civil a pu permettre l'aveu d'une faiblesse, il ne souffre pas la reconnaissance d'un crime » (Siméon, p. 230).

Enfin, le conjoint survivant peut en dernier lieu être considéré comme successible. Sa place conduit à s'interroger sur le fondement de cet ordre de succession, qui reposerait sur un ordre décroissant d'affections. Cette place mineure ne choque guère les présentateurs du projet. Treilhard la mentionne, sans aucun commentaire, Chabot

1. Notons cependant que le défaut de dénonciation du meurtrier n'est pas retenu contre les membres de sa famille : « Si le meurtrier était un père, un fils, un époux, le silence ne serait-il pas un premier devoir, et comment la loi pourrait-elle dans ce cas ordonner de le rompre ? » cette dénonciation « blesserait les règles de la morale et de l'honnêteté publique » (Treilhard, p. 141). La paix des familles avant la justice... ?

trouve « naturel de présumer que les conjoints se préféraient au fisc pour se succéder l'un à l'autre » (p. 196). Quant à Siméon, la qualité d'étranger du conjoint survivant suffit à expliquer sa place dans l'ordre successoral[1]. L'ordre de succession reste donc familial et fondé sur les liens du sang, il n'est pas conjugal. Le droit coutumier semble reconduit, qui préfère la famille au conjoint.

Cet ordre de succession peut encore être perturbé par la disparition d'un degré dans l'ordre successoral : « des petits enfans qui auraient eu le malheur de perdre leur père seraient-ils encore exposés au malheur d'être exclus par un oncle de la succession de leur aïeul? » (Treilhard, p. 144). De là la fiction de la représentation : les petits-enfants seront substitués à leur père disparu dans l'ordre successoral, la loi ne faisant d'ailleurs que conforter l'ordre affectif (art. 739). Mais jusqu'où admettre cette idée de représentation? Si l'affection semble évidente en ligne descendante, il n'en est pas de même en ligne ascendante : « L'enfant doit avoir et a réellement plus de tendresse pour son père que pour son aïeul; et plus ses ascendants sont éloignés de lui, moins il éprouve pour eux de cette affection vive et spontanée que la nature elle-même inspire » (Chabot, p. 172). La représentation sera limitée en ligne collatérale aux descendants des frères et sœurs, en se fondant toujours sur l'affection présumée du défunt.

B) *La composition de la succession.* — Le principe dominant de l'Ancien Droit était la conservation des biens dans la famille.

On ne pouvait ainsi disposer librement de ses biens, les propres devant être dévolus à une personne de la même lignée familiale (ce principe s'exprimait par la règle *paterna paternis, materna maternis*). Un héritier éloigné pouvait ainsi exclure un

1. « Le conjoint survivant, quelque étroit que fût le lien qui l'unissait avec le défunt, appartient à une famille étrangère ; ... si (des) parens manquent, plutôt que d'appeler le fisc, qui est l'héritier de ceux qui n'en ont point, on préfère le conjoint survivant » (p. 233).

proche du défunt, ce qui suscitait rancœurs et contestations. Le droit romain, plus simple, considérait que la succession, unique, était transmise aux héritiers les plus proches.

Le Code conciliera les deux approches, le respect de l'ordre affectif et la volonté de conserver malgré tout les biens dans les familles. « La loi ne considère ni la nature, ni l'origine des biens pour en régler la succession » (art. 732); cependant, lorsque la succession est dévolue à des ascendants ou à des collatéraux, elle est divisée en deux parts égales, pour les parents maternels et paternels (art. 733)[1]. Une autre distinction de l'Ancien Droit sera répudiée, celle des biens nobles et roturiers, qui privilégiant l'aîné, et excluant l'ascendant parfois pour les biens nobles aboutissaient à une diversité de législation qui n'était qu' « un amas de ruines entassées au hasard » (Treilhard, p. 144). L'égalité imposait donc l'abolition de ces différences.

C) *L'acceptation ou le refus de la succession.* — La succession est ouverte dès la mort d'une personne, que cette mort soit naturelle ou civile (art. 718). C'était l'idée exprimée par le principe ancien : le mort saisit le vif. Mais une autre règle ancienne, n'est héritier qui ne veut, sera conservée par le Code : « Nul n'est tenu d'accepter une succession qui lui est échue » (art. 775)[2]. Mais l'acceptation d'une succession implique d'en recueillir l'actif comme le passif. Les droits des créanciers doivent être respectés. De là, la possibilité pour l'héritier d'examiner si cette succession est avantageuse ou non. Il peut ainsi renoncer, et le manifester devant le tribunal : il est censé n'avoir jamais hérité (art. 784 et 785); il peut aussi, avant

1. « Deux familles s'étaient unies par un mariage, elles resteront encore unies dans le malheur commun qui aura enlevé les fruits de cette union. C'est ainsi que se concilie le vœu de la nature, qui semble appeler les parens les plus proches, avec l'intérêt des deux familles dont le défunt tirait son origine » (Treilhard, p. 143).

2. « Recueillir une succession est un droit; chacun est libre... de renoncer à son droit » (Siméon, p. 233).

de se déterminer, accepter sous le bénéfice d'inventaire (art. 795 et s.). La renonciation à une succession ne peut se faire que lorsque celle-ci est ouverte. On ne saurait renoncer à une succession future ni encore moins vendre sa part sur une succession non encore ouverte. Une telle vente serait immorale : « Elle suppose autant le désir que la trop active prévoyance de sa mort » (Siméon, p. 236). Quant à la renonciation à une succession future, c'était une pratique de l'Ancien Droit que de contraindre les filles à renoncer à leur part de succession, contre une dot. Cette renonciation, qui avait pour but de conserver les biens dans la famille, est contraire aux principes de liberté et d'égalité (art. 791).

D) *Le partage des biens.* — Ce partage peut ne pas être réalisé immédiatement, et les héritiers peuvent rester dans l'indivision. Mais l'indivision ne saurait être imposée (« Une société éternelle n'est pas compatible avec la mobilité de nos intérêts » dira Siméon). Elle ne saurait durer plus de cinq ans, et doit être renouvelée après ce délai. Il suffit qu'un seul le demande pour qu'elle cesse : « Nul ne peut être contraint de demeurer dans l'indivision... » (art. 815). Le partage décidé doit être effectué en obéissant au principe d'égalité. Les présentateurs insistent d'autant plus sur ce principe qu'il n'existait guère dans l'Ancien Droit coutumier : « En examinant les distinctions qu'elles (les coutumes) établissaient entre les mâles et les filles, entre les aînés et les puînés, on serait tenté de croire qu'elles ne regardaient pas les filles comme des enfants légitimes, et qu'elles doutaient de la légitimité des puînés. La totalité des successions appartenait aux mâles : la moindre dot, un simple chapeau de roses composait la légitime des filles. Mais parmi les mâles, les aînés emportaient presque tout, et les puînés étaient traités à peu près comme des filles » (Chabot, p. 181). Cette citation exprime l'indignation des rédacteurs envers un système inégalitaire. Ils en développent les conséquences, les filles s'ensevelissant dans les cloîtres, les disputes entre enfants « victimes innocentes de la barbarie des lois et de la dureté de leurs parens » *(ibid.)*. La finalité de cette dure législation était la conservation des biens et de la fortune : « L'orgueil féodal avait corrompu toutes les sources de la morale; il avait étouffé tous les sentimens de nature » (p. 184). Le Code abolit naturellement de telles pratiques pour instaurer un partage égalitaire, plus conforme à la justice et à la nature. Certes, on ne peut interdire à un individu d'avantager tel enfant. Mais les testaments et donations, nous le verrons, le lui permettent. S'il ne l'a pas fait, il est présumé avoir voulu l'égalité. Par ailleurs, le partage possède un effet rétroactif. L'indivision est censée n'avoir jamais existé, et chaque héritier peut être ainsi considéré comme succédant directement au défunt en ce qui concerne les biens qu'il a reçus. C'est ce qu'on appelle l'effet déclaratif du partage (art. 883). Le partage terminé est définitif, sauf s'il y a eu lésion de plus du quart d'un cohéritier, violence ou dol (art. 887).

Le Code laisse ainsi une grande place à l'individualisme : la succession est la transmission du patrimoine d'un individu dont on présume les intentions, à un autre individu. Les préoccupations de grandeur du nom, de conservation des biens dans la famille, si elles conservent une place, sont moins considérées que l'individu et sa volonté. Telle sera aussi l'optique des testaments et donations.

3. Les testaments et les donations.

A) *La raison d'être des testaments et donations.* — Par le testament, on dispose de ses biens pour après sa mort. Par la donation, on dispose de ses biens de son vivant. La donation est irrévocable (art. 894), le testateur peut revenir sur ses dispositions (art. 895).

Mais faut-il laisser à l'individu une liberté totale, au détriment même de sa famille qui peut se voir dépouillée, ou faut-il lui assigner des limites, dans l'intérêt même de la famille ?

En droit romain ancien, le *pater familias,* tout-puissant pouvait, par testament, disposer de ses biens comme il l'entendait. Mais les liens du sang imposent des limites à cette toute-puissance : le *pater familias* a le devoir de soutenir les siens *(officium pietatis)* et la contestation du testament, dès la fin de la République devient possible *(querela innoficiosi testamenti).* Encore convient-il de noter que la contestation s'effectue après le décès, et que le parent contestataire ne peut intervenir du vivant du *pater familias* pour limiter sa volonté. Une autre mesure protectrice de la famille consiste dans la « légitime » : c'est la partie de la succession dont le *pater familias* ne peut disposer, pour la réserver précisément à la famille. Justinien (Novelle 18) l'a fixée d'après le nombre d'enfants : jusqu'à quatre enfants, la part indisponible sera d'un tiers, au-delà elle sera de la moitié. Précisons enfin que par son testament, le *pater familias* désigne un ou plusieurs héritiers, et peut effectuer des legs.

La donation, dépouillement désintéressé, et par là même suspect, surtout si elle nuit aux proches, suscita la méfiance. Une loi Cincia (204 av. J.-C.) les prohiba, au-delà d'un certain taux, envers d'autres que les proches. Par ailleurs, toujours dans un but de protection, mais cette fois du donateur contre lui-même, on déclara la donation révocable pour ingratitude ou survenance d'enfant. Dans cette même optique, la donation entre époux, tout d'abord prohibée par crainte de pressions exercées par un conjoint sur l'autre, est autorisée si elle est révocable. Enfin, comme pour le testament, une *querela* permet au parent frustré de sa part légitime de réduire la donation qui dépasse le quart réservé.

L'Ancien Droit, contrairement au droit romain, est fondé sur la protection de la famille, qui doit pouvoir contrôler la volonté du *de cujus.* Le droit coutumier, contrairement aux pays de droit écrit accorde peu d'importance au testament. Même après la redécouverte du droit romain, cette réception ne devait pas nuire à la protection de la famille. Contrairement au droit romain, le testament coutumier ne créait pas d'héritiers (« institution d'héritier n'a lieu »), ce qui permet aux parents par le sang de conserver leurs droits.

Plusieurs principes protègent les parents contre celui qui voudrait dépouiller la famille. D'une part, les parents eux-mêmes doivent consentir à l'aliénation (vente ou donation) des biens propres effectuée par l'un d'entre eux *(laudatio parentum).* Ce consentement étant parfois difficile à obtenir, l'aliénateur peut offrir le bien qu'il désire vendre au plus proche parent ; cette « offre au proïme » *(proximus)* permet à la famille de conserver le bien. Le retrait lignager permet enfin de reprendre le bien déjà vendu.

D'autre part, le principe « donner et retenir ne vaut » peut se révéler un frein salutaire à une donation irréfléchie. En effet, il implique la tradition réelle, puis, de manière plus nuancée, l'interdiction de se réserver la propriété ou de révoquer la donation.

Cependant, l'offre au proïme ou le retrait lignager ne garantissent la famille que contre les aliénations à titre onéreux ; il reste possible de la dépouiller par des donations ou des testaments. D'où, l'idée qu'une certaine quantité des biens propres, « réservée aux héritiers », contribuerait à la protection de la famille, puisqu'il serait interdit d'y attenter. Cette réserve varie selon les coutumes. Ainsi, au cas où le disposant outrepasserait la réserve, il est loisible aux héritiers de faire réduire les dispositions des libéralités. Cette protection de la famille sera encore renforcée, dès le XVIe siècle, par la superposition à la réserve de la légitime romaine. En effet, la réserve protège contre les dépouillements des propres, mais non contre les dispositions excessives des meubles et acquêts. La légitime (égale à la moitié de la part de succession sans donation ou testament) pallie cet inconvénient.

B) *Le Code civil.* — « Le plus beau titre du Code civil..., parce qu'il donne une meilleure idée des hommes, est sans contredit celui qui règle les effets des libéralités » (Sédillez, p. 624). Cependant, si « le plaisir de donner est pur comme celui de recevoir », il est « irréfléchi » chez les peuples primitifs, tandis que chez les peuples évolués « tout est soumis à des calculs, tout réclame le secours et la prévoyance des lois » *(ibid.)*. Bigot de Préameneu verra dans les donations et les testaments « tout ce qui peut captiver les affections de l'homme » (p. 508) : tester ou donner concerne certes la transmission de propriétés, mais aussi l'exercice de l'autorité paternelle, les témoignages de reconnaissances envers des tiers, punir, récompenser, aider, encourager[1]. La volonté individuelle est donc mue par des passions qui peuvent être nuisibles. Il appartient à la loi de les canaliser.

Bigot de Préameneu rappelle à ce propos que certains

1. Cf. Favard (p. 627) : « Le pouvoir qui flatte le plus l'homme dans ses derniers momens, et même dans le cours de sa vie, est celui de disposer de ses biens au gré de ses affections. C'est un besoin pour son cœur ; c'est un droit inhérent à la propriété. »

juristes repoussaient l'idée de laisser à l'individu, trop souvent aveuglé par des sentiments variables, la liberté d'organiser la répartition de ses biens pour le temps où il ne sera plus. Cette mission revient à la loi qui, seule, sait rester objective. D'autres au contraire soutenaient que « contester la liberté de disposer, c'est réduire la propriété à un simple usufruit » (p. 510). Le Code sera conciliateur et suivra ce guide infaillible qu'est la nature humaine. Par les successions *ab intestat,* il a consacré un ordre de successions fondé sur un ordre présumé d'affections. Mais c'est un ordre général et impersonnel.

L'individu qui connaît mieux sa famille doit être libre d'y déroger. Mais si cette dérogation est mue par une volonté de destruction, la loi intervient : « Elle n'anéantit point les libéralités excessives; elle ne fait que les réduire. La volonté reste entière dans tout ce qu'elle a de compatible avec l'ordre public » (p. 512). Jaubert : « Si les enfans d'un même père ont tous un droit égal à son affection, l'autorité paternelle doit aussi pouvoir distribuer des récompenses. La différence entre les besoins et les moyens des enfans exige que le père de famille ait un pouvoir suffisant pour rectifier les inégalités de la nature » (p. 585).

a) La quotité disponible. — Le Code conciliera donc la liberté individuelle, l'ordre naturel des affections et le maintien de l'ordre social en précisant la quotité de biens dont peut disposer un individu pour des libéralités et répartir ses propriétés.

b) Envers les descendants directs. — Un père de famille doit se méfier de ses passions qui peuvent le conduire à oublier ses devoirs envers ses enfants. C'est pourquoi, on l'a vu, le droit romain, comme l'Ancien Droit réservaient aux enfants une part des biens qui devaient leur revenir. Ajoutons que dans nombre de coutumes, l'égalité devait être observée. Il était ainsi impossible au père d'avantager l'un de ses enfants en lui donnant la quotité disponible. La coutume de Paris, en mettant « une balance égale entre le droit de propriété et les devoirs de famille », pose un principe juste : en aucun cas il ne doit être permis au père de disposer de plus de la moitié de ses biens. C'est ce principe qui sera celui du Code, en lui adjoignant une autre règle : « Lorsque le nombre des enfans est considérable, la loi doit réserver à chacun d'eux une quotité suffisante, sans trop diminuer dans la main du père les moyens de fournir à des besoins particuliers qui sont alors plus multipliés » (Bigot de Préameneu, p. 526). De là l'article 913 : « Les libéralités, soit par acte entre vifs, soit par testament, ne pourront excéder la moitié des biens du disposant, s'il ne laisse à son décès qu'un enfant légitime; le tiers, s'il laisse deux enfants; le quart s'il en laisse trois ou un plus grand nombre. »

c) Envers les ascendants. — Le droit naturel impose que les enfants prennent en considération leurs parents. La légitime en leur faveur existait en droit romain. En pays de droit écrit, elle était d'un tiers que les ascendants se partageaient entre eux. Le droit coutumier les ignorait souvent, puisque, nous l'avons vu, il réservait les propres aux collatéraux, dans le but de les conserver dans la famille, et en vertu du principe féodal que « propres ne remontent ». Le Code exclut cette conception contraire à la nature ; mais la réserve des ascendants ne sera pas aussi importante que celle des enfants, les devoirs de ces derniers envers leurs parents n'étant pas aussi étendus que ceux des parents envers les enfants. En conséquence, leur réserve sera de la moitié des biens s'il existe des ascendants paternels et maternels, du quart s'il n'en existe que dans une seule ligne (art. 915).

d) Envers les collatéraux. — Il faut entendre par collatéraux principalement les frères et sœurs, oncles et tantes, neveux et nièces. On a vu que le droit coutumier les privilégiait souvent. Cette mesure est critiquable pour les rédacteurs. Les devoirs envers les collatéraux ne sont pas de la même essence que ceux envers les ascendants ou descendants. Envers ces derniers, ils sont sacrés; envers les collatéraux, « il n'y a que les devoirs qui sont à la fois ceux du sang et de l'amitié » (Bigot de Préameneu, p. 530). Enfin, les pays de droit écrit, où la structure patriarcale est plus forte, n'ont jamais connu cette réserve; et pourtant, l'harmonie familiale y règne. D'où la conclusion des rédacteurs : la réserve pour les collatéraux ne peut exister que pour les plus démunis; or, on ne peut imposer à un frère d'aider un frère (« ... il n'a plus rien à donner à ceux qui ont le droit d'exiger ») (Bigot de Préameneu, p. 532). La liberté de disposer reste la meilleure manière d'inciter à la générosité.

Mais une telle rigueur doit-elle concerner aussi les frères et sœurs ? Le souhait même du père n'était-il pas de voir partagés des biens qu'il avait amassés ? Les frères et sœurs ne concourrent-ils pas dans l'ordre des successions *ab intestat* avec les ascendants ? Ces raisons qui militent en faveur d'une réserve pour les frères et sœurs ne seront pas retenues : « Le tableau de l'amitié fraternelle n'a jamais été plus touchant que dans les pays où la liberté de disposer est entière » *(ibid.)*. Bien plus, le frère doit avoir le droit de récompenser ou de punir le frère selon ses mérites. C'est au frère qui veut bénéficier des largesses de s'en montrer digne : « Que le frère incapable d'aimer le frère sente dans son cœur égaré qu'il faut au moins que sa haine n'éclate pas ; ses égards commandés par les convenances deviendront pour lui une habitude, et le mèneront par degré, et pour ainsi dire à son insu, vers l'amitié » (Favard, p. 632). On pourrait juger sévèrement une telle conception ; il faut plutôt y voir ce pessimisme ou ce réalisme sur la nature humaine, que nous avons déjà rencontré.

Il est révélateur que ce soit à propos des donations et des testaments qu'il soit sans fards[1].

Ainsi donc, seuls les ascendants et descendants pourront bénéficier d'une réserve (art. 916). Pour le reste de la famille, on reste libre de disposer de ses biens. Bien plus,

1. Cf. Favard (*ibid.* : « Que faut-il à la société ? des vertus toujours pures. C'est une chimère d'y prétendre : il lui suffit des vertus morales inspirées par les rapports, commandées par le besoin, et dont le résultat est toujours la concorde, vertus qui seules font la force de la société, et seules garantissent les mœurs de l'influence des divisions scandaleuses. »

on peut favoriser l'un de ses héritiers en lui donnant la quotité disponible, en tout ou en partie, sans que cette gratification ne soit prise en compte dans la succession (art. 919). Le droit romain et le droit écrit, rappellent les présentateurs, permettaient d'avantager. Le droit coutumier était variable, certaines coutumes interdisant d'avantager. Le Code va aller dans le sens de la liberté de disposer, et donc d'avantager. Le respect du principe de l'égalité entre les héritiers ne lui paraît pas suffisant pour freiner cette liberté de disposer. Et de fait, l'égalité existe-t-elle ? demande Bigot de Préameneu. « Où sont les familles dont tous les membres ont eu une part égale à la force physique, à l'intelligence, aux talens ? dont aucun n'a, malgré la meilleure conduite, éprouvé des revers ? » C'est donc au chef de famille qu'il revient d'établir entre ses parents « la balance du bonheur. Mais si la loi le lui interdit, elle paralyse les efforts du père qui veut aider et soulager les plus démunis, récompenser les plus méritants » (p. 536).

C) *Les conditions des testaments et donations.* — L'article 901 stipule que « pour faire un testament ou une donation entre vifs, il faut être sain d'esprit ». Pour Bigot de Préameneu, cela signifie une volonté certaine, qui ne doit pas être contrainte.

Les rédacteurs se sont ainsi posé la question de savoir si un mineur pouvait tester. Disposer de sa fortune suppose une maturité suffisante, et une indépendance d'esprit qu'un mineur, soumis à ses parents, n'aurait sans doute pas. Le Code a tranché de manière curieuse : le mineur de seize ans est suffisamment mûr pour disposer de ses biens. Cependant, il ne peut le faire par une donation, qui serait irrévocable. En revanche, il peut tester et disposer de la moitié des biens dont il aurait pu disposer s'il avait été majeur (art. 903-904). Cette différence s'explique : « Dans les donations entre vifs, la loi présume que le mineur serait victime de ses passions. Dans les dispositions testamentaires, l'approche ou la perspective de la mort ne lui permettra plus de s'occuper que des devoirs de famille ou de reconnaissance » (Bigot de Préameneu, p. 519). De la même manière, la femme mariée ne peut donner entre vifs sans y être autorisée par son mari ou la justice; elle peut tester. Enfin, dans la même optique d'une volonté libre, le mineur ne peut disposer pour son tuteur, le majeur pour son médecin (art. 909).

a) La donation entre vifs. — La donation permet de disposer de ses biens de son vivant en faveur d'un tiers. Il en résulte que ce dernier doit accepter la donation et ses charges. La donation est donc une convention, irrévocable, dès l'accord du donataire, qui devient donc propriétaire sans qu'il soit besoin de tradition (art. 938). Le donateur se dépouille véritablement, et, en vertu du principe, « donner et retenir ne vaut », ne peut revenir sur sa décision. Seules, l'ingratitude du donataire, la non-exécution des conditions, ou la survenance d'enfant pourraient permettre de révoquer la donation (art. 953 et s.).

b) Le testament. — On a vu que, dans l'Ancien Droit, le testament n'était véritablement admis que dans les pays de droit écrit. La volonté individuelle permettait de choisir ses héritiers. Au contraire, dans les pays de droit coutumier, l'héritier était désigné par la coutume elle-même (« institution d'héritier n'a point lieu »). Le Code resta fidèle au principe que la volonté individuelle doit prévaloir et se rallia au système des pays de droit écrit.

Du droit romain, le Code conservera le testament olographe, qui doit être daté, signé et écrit entièrement par le testateur (art. 970). Le testament nuncupatif sera reçu devant un notaire et quatre témoins ou deux notaires et deux témoins; quant au testament mystique, « institution à propager en faveur de ceux qui ne savent pas écrire ou qui..., ne veulent ni faire leur testament par écrit privé, ni confier le secret de leurs dispositions » (Bigot de Préameneu), il est soumis à des formalités complexes pour déjouer « les manœuvres les plus subtiles de la cupidité » *(ibid.)*.

c) Les effets du testament. — Dans les pays de coutumes, la coutume seule désignait les héritiers (« le mort saisit le vif »). Le défunt ne pouvait désigner personnellement que des légataires universels, qui devaient demander qu'on veuille bien leur délivrer leurs legs. Dans les pays de droit écrit, le testament désigne les héritiers, qui sont saisis de plein droit de la succession, même s'il existe des héritiers légitimes. Les deux systèmes sont également critiquables aux yeux des rédacteurs. Celui des pays de droit écrit aboutissait à un conflit entre l'héritier désigné et l'héritier légitime, ce dernier devant demander la délivrance de sa part. Le système coutumier nécessitait l'examen de l'acte instituant les légataires, un testament souvent, tandis que les héritiers désignés par la coutume étaient saisis immédiatement de tout l'héritage. Le Code se veut conciliateur, et ménage les droits des héritiers légitimes et ceux des légataires. Les héritiers réservataires sont prioritaires : dès la mort du testateur, ils sont saisis de toute la succession, et les légataires universels doivent leur demander la délivrance de ce qui leur est attribué par testament (art. 1004)[1]. S'il n'y a pas d'héritier légitime, le légataire universel est préféré aux autres parents (art. 1006).

d) Des donations entre époux. — Les donations entre époux ont toujours suscité la méfiance du législateur : un époux ne s'est-il pas laissé emporté par son sentiment ? n'a-t-il pas été contraint par l'autre ?

Le Code se montre favorable aux donations entre époux par contrat de mariage. Il n'est pas à craindre à ce moment que les époux se circonviennent l'un l'autre : « Les sentiments réciproques sont alors dans toute leur énergie, et l'un n'a point encore pris sur l'autre cet empire que donne l'autorité maritale ou qui est le résultat de la vie commune » (Bigot de Préameneu). Ainsi, les époux

1. « Ne serait-il point contre l'honnêteté publique, contre l'humanité, contre l'intention présumée du testateur, que l'un de ses enfans ou que l'un des auteurs de sa vie fût à l'instant de sa mort expulsé de sa maison, sans qu'il eût même le droit de vérifier auparavant le titre de celui qui se présente ? » (Bigot de Préameneu, p. 557).

pourront-ils, par contrat de mariage ou pendant le mariage s'ils n'ont pas d'enfants, se donner l'usufruit de la totalité des biens disponibles, et tout ce qu'ils pourraient donner à un étranger. S'il y a des enfants, on peut laisser à l'autre époux un quart de ses biens en propriété, un quart en usufruit, ou la moitié en usufruit (art. 1094).

En revanche, pendant le mariage (art. 1096), les donations sont révocables « pour qu'un époux qui aurait tout donné ne soit pas exposé au mépris et à l'abandon; pour ne pas introduire entre les époux, qui se doivent toute leur affection, des vues d'intérêt et de séduction » (Jaubert).

e) Le partage d'ascendant. — « Les père et mère et autres ascendants pourront faire, entre leurs enfants et leurs descendants, la distribution et le partage de leurs biens » (art. 1075). Ce partage peut être motivé par le fait que les parents craignent les dissensions qui pourraient s'élever entre leurs enfants après leur mort, ou parce qu'ils veulent avantager tel ou tel enfant. « En un mot c'est dans l'acte de partage qu'il (le père) pourra le mieux combiner, et en même temps réaliser la répartition la plus équitable et la plus propre à rendre heureux chacun de ses enfans » (Bigot de Préameneu). Cependant, cette possibilité ne doit pas constituer un prétexte à trop favoriser un héritier. C'est pourquoi une lésion de plus du quart permettrait d'attaquer le partage.

II. — Des contrats ou des obligations conventionnelles en général

« Contracter, c'est tenter de domestiquer l'avenir. »[1] Deux personnes sont convenues que l'une donnerait de l'argent pour obtenir une maison, l'autre donnerait la maison qui lui appartient et recevrait l'argent : « Le contrat est une convention par laquelle une ou plusieurs

1. Ch. Atias, *Le droit civil,* dans cette même collection.

personnes s'obligent, envers une ou plusieurs autres, à donner, à faire ou à ne pas faire quelque chose » (art. 1101). Le contrat est donc l'espèce d'un genre plus large, la convention, et sa finalité réside dans une obligation réciproque.

Quand un contrat est-il devenu obligatoire entre les parties? Pour comprendre la réponse des rédacteurs du Code, il convient de retracer, comme ils l'ont d'ailleurs fait eux-mêmes, l'évolution historique.

Le droit romain a fourni la définition de l'obligation « lien de droit par lequel nous sommes astreint par nécessité à payer quelque chose » (*Inst. de Justinien,* III, 13).

1. **L'évolution historique.** — Le droit romain comportait un nombre limité de « modèles contractuels » dont la validité passait par le respect d'un certain formalisme, et qui seuls, engendraient une obligation. A l'origine peu nombreux, ces modèles contractuels vont, sous l'influence de l'expansion économique et politique de Rome, s'accroître. La vente, le louage, la société, le mandat, le prêt, vont être reconnus par l'ordre juridique. Puis, les jurisconsultes vont procéder à une classification contractuelle selon les formes contractuelles. Ils distingueront les contrats qui se forment par la remise d'une chose *(re),* comme le prêt, ceux qui se forment par des paroles *(verbis),* comme la stipulation, ceux qui nécessitent la rédaction d'un écrit *(litteris),* comme l'inscription sur un livre de compte, ceux enfin qui se forment dès le consentement des parties. Tels sont la vente, le louage, le mandat et la société.

Ce n'est que tardivement qu'on remarquera que le point commun entre tous les contrats réside dans le consentement des parties. Mais encore faut-il noter que l'idée de faire reposer la validité d'un contrat sur le consentement des parties connaîtra des limites. D'une part, les simples conventions, les pactes, qui ne sont pas coulées dans des formes reconnues, ne sont pas sanctionnées par le droit, sinon à la suite d'une action donnée par le préteur. Le consentement ne donne donc pas forcément naissance à un contrat (les Romains disaient que d'un pacte ne naît pas une action). D'autre part, on opposera les contrats qui possèdent un nom, et sont donc sanctionnés par le droit (ce sont les contrats déjà vus que l'on qualifiera plus tard de contrats nommés), et les contrats qui ne possèdent pas de nom. Tels sont ceux qui rentrent dans les combinaisons suivantes : je donne pour que tu donnes (échange), je donne pour que tu fasses, je fais pour que tu donnes, je fais pour que tu fasses. Ces opérations ne seront sanctionnées, par l'intermédiaire du préteur, que si l'un des contractants a exécuté sa prestation, l'équité obligeant l'autre à exécuter la sienne ou à indemniser le cocontractant. Le consentement ne crée donc pas tous les contrats.

L'Ancien Droit[1], s'il évolua vers le consensualisme, sous l'influence du droit canonique, demeura longtemps réservé sur la validité du consentement, considéré par les romanistes comme une forme parmi d'autres, pour créer les contrats. Le droit canonique en effet lia la notion de péché à l'idée de ne pas respecter les conventions passées. Un simple pacte doit être exécuté et sanctionné ; le consentement suffit à obliger. Le droit romain s'imposant en ce domaine aux coutumes, le consentement finit par être admis comme pouvant faire naître un contrat. Les parlements, juridictions souveraines, admirent l'idée. La doctrine de l'Ecole du Droit naturel l'imposa. Pour Grotius, « seul le consentement oblige », tandis que pour le Français Domat « les conventions sont les engagemens qui se forment par le consentement de deux ou plusieurs personnes ». Pothier reprendra la même définition.

On voit donc que la conception du Code n'est que l'aboutissement d'une longue évolution que ne nient d'ailleurs pas les rédacteurs. Bigot de Préameneu la retracera. Mais son but, tout comme celui de Favart, qui présente le projet également, sera de simplifier les règles qui régissent les contrats. Et cette simplification conduit à la source même de ces règles, « les principes qui sont dans la raison et dans le cœur de tous les hommes » (Bigot de Préameneu, t. 13, p. 215).

Or, précisément, c'est le résultat auquel était parvenu le droit romain, véritable « raison écrite » *(ibid.)*. Mais la dispersion de ces règles, la complexité de la procédure romaine nuisent à leur clarté.

Une méthode s'impose donc aux rédacteurs : « Retirer du dépôt des lois romaines une suite de règles qui, réunies, formassent un corps de doctrine élémentaire, ayant à la fois la précision et l'autorité de la loi » (p. 217). Domat et Pothier avaient accompli une partie de la tâche. Il reste

1. J.-L. Gazzaniga, Domat et Pothier, Le contrat à la fin de l'Ancien Régime, droits, *Revue française de Théorie juridique*, t. 12 : *Le contrat.*

à lever les incertitudes, et restaurer l'équité enfouie sous le maquis procédural. Ainsi, l'opposition des contrats nommés, plus facilement sanctionnés et des contrats innommés, sanctionnés seulement lorsqu'une des parties avait exécuté, empêchait le triomphe de la bonne foi. « Il n'y avait qu'un seul moyen de la maintenir, celui de rendre obligatoires les contrats du moment qu'ils auraient été formés et avant même qu'ils fussent exécutés par l'une ou l'autre des parties » (p. 220). Le droit romain, empêtré dans des « subtilités fatigantes », n'y était pas parvenu. Il appartient aux rédacteurs de proposer des règles simples, fondées sur des principes romains restitués. Que les contrats aient « des dénominations propres » ou qu'ils n'en aient pas, ils sont soumis aux mêmes règles générales (art. 1107).

La classification des contrats repose sur la nature des différents engagements, et répudie ainsi les complexités du droit romain. Les parties s'obligent-elles mutuellement? Le contrat est synallagmatique ou bilatéral, comme dans une vente où chacun doit une prestation à son cocontractant. Une seule des parties s'engage-t-elle? le contrat est unilatéral, comme dans le dépôt où le dépositaire s'engage à restituer la chose déposée. Une seule des parties procure-t-elle à l'autre un avantage gratuit, comme une donation? Le contrat est qualifié de bienfaisance. Chacune des parties est-elle assujettie à donner ou à faire quelque chose, comme dans le louage ou la vente? Nous sommes en présence d'un contrat à titre onéreux. Enfin, si les deux engagements sont estimés équivalents, le contrat est commutatif; si au contraire, l'une des prestations dépend d'un événement incertain, le contrat est aléatoire (rente viagère).

De cette classification présentée par le Code, on peut tirer l'idée que le contrat est un rapport de prestations que les parties se sont engagées à fournir. Pour les rédacteurs, il appartient à l'ordre juridique de fixer les règles de validité de ces conventions. Elles reposent sur l'engagement. Pour qu'il soit valide, il faut que la volonté des parties soit intacte, et que le rapport entre les prestations soit réel, licite et équitable, ce qui implique un consentement non vicié, un objet sur lequel porte l'engagement, et une cause licite de cet engagement.

2. **Le consentement.** — Le consentement n'est pas valable s'il « n'a été donné que par erreur, s'il a été extorqué par violence ou surpris par dol » (art. 1109). Dans leur esprit, ce vice doit avoir été déterminant sur la volonté du contractant : sans l'erreur, le dol, ou la violence, il n'aurait pas contracté. L'erreur doit ainsi porter « sur la substance même de la chose qui en est l'objet » (Bigot de Préameneu), ou sur « la considération même de la personne » (Favart) pour être retenue. L'erreur sur les motifs est ainsi écartée, sauf si les parties « ont voulu (en) faire dépendre leur engagement (Bigot de Préameneu, p. 223). De même la violence n'est retenue que « si elle est de nature à faire impression sur un homme raisonnable », si elle « inspire la crainte d'exposer sa personne à un mal considérable et présent » (art. 1112). Le consentement n'est pas libre, car une violence morale, une menace sur sa personne ou sa fortune, le conjoint, les descendants ou les ascendants (doit-on s'attacher à l'ordre de l'énumération des art. 1112 et 1113...?) contraint le contractant. Remarquons que la puissance paternelle est préservée : la crainte des parents ou ascendants n'est point suffisante pour vicier le consentement, si elle ne s'accompagne point de violence (art. 1114). Bigot de Préameneu en donne la raison : « Ce serait interdire les contrats entre les ascendants et les descendants, si la seule crainte révérencielle des descendans envers les ascendans était une cause suffisante de nullité » (p. 223). Est-ce à dire que la violence morale ne suffirait pas pour annuler le contrat? Enfin, le contractant n'est pas libre, si on a utilisé « toutes les espèces d'artifices pour le tromper » (Bigot de Préameneu, *ibid.*). Encore faut-il que sans ces tromperies, la partie n'eût pas contracté. Reste un dernier vice, la lésion, c'est-à-dire le déséquilibre entre les prestations des contractants.

Le consentement n'est valable que si la partie qui s'oblige est suffisamment lucide ou reconnue comme telle par la loi. Le Code reconnaît comme incapables de contracter les mineurs, les interdits, les femmes mariées « dans les cas exprimés par la loi » (art. 1124), « présumés » dit Bigot de Préameneu ne pas posséder un « discernement suffisant » (p. 225). L'incapacité des mineurs se justifie donc par « la faiblesse de leur raison et... leur inexpérience ». Tout contrat avec eux n'est pas interdit. S'ils sont lésés, leur cocontractant est censé avoir abusé de leur âge. Mais de quel mineur s'agit-il ? Bigot de Préameneu réfute l'idée que la minorité soit la même en ce qui concerne les obligations qu'en ce qui concerne le mariage. Cette dernière est physiologique et « malgré l'incertitude du cours de la nature, il fallait pour le mariage une règle fixe » (p. 226). En revanche, l'âge du discernement varie lorsqu'il s'agit de l'administration de la fortune. La loi elle-même le reconnaît qui permet au mineur de seize ans de disposer de la moitié de ses biens par testament. Le seul critère valable reste donc la lésion, seule protection du mineur et manifestation de son immaturité (cf. aussi l'art. 1305). En revanche, en supposant le cas inverse d'un mineur, même impubère, qui aurait conclu un contrat à son avantage, « en aucun cas », précise Bigot de Préameneu, ses cocontractants ne peuvent demander la nullité du contrat. Il a ainsi prouvé sa maturité au détriment de contractants qui ne peuvent s'en prendre qu'à eux-mêmes. Sommes-nous toujours dans l'équité, fondement des principes contractuels ?

La même raison, la protection, « la garantir de sa faiblesse et sauver sa fortune » (Favart, p. 317), est avancée pour justifier l'incapacité de la femme mariée. Comme pour le mineur, ses cocontractants ne peuvent exciper de son incapacité pour annuler le contrat. Seuls, son mari et elle-même peuvent se plaindre. Et quand bien même elle aurait conclu à des conditions avantageuses, « il lui est permis de faire sa condition meilleure » *(ibid.)*.

3. **L'objet du contrat.** — « Tout contrat a pour objet une chose qu'une partie s'oblige à donner, ou qu'une partie s'oblige à faire ou à ne pas faire » (art. 1126). Ce principe évident, une « vérité éternelle » (Favart) ne mérite pas de trop longues réflexions. Si l'objet est matériel, il doit être dans le commerce, déterminé quant à l'espèce ou la quotité, futur même. Une restriction fondée sur la morale : on ne peut stipuler sur une succession non ouverte. Mais Favart (p. 318) limite cette restriction aux héritiers. Les parents peuvent disposer de leurs biens dans les contrats de mariage de leurs enfants ou par donations.

S'il s'agit d'une obligation de faire ou de ne pas faire, elle doit présenter « un intérêt appréciable » pour le cocontractant (Bigot de Préameneu, p. 228).

4. **La cause.** — La cause constitue un élément essentiel de l'obligation : « L'obligation sans cause, ou sur une fausse cause, ou sur une cause illicite, ne peut avoir aucun effet » (art. 1131).

Mais qu'est-ce que la cause ? C'est là un concept difficile, qui a fait couler beaucoup d'encre.

Les rédacteurs ne s'y étendent cependant pas outre mesure. Bigot de Préameneu la définit comme « l'intérêt réciproque des parties ou dans la bienfaisance de l'une d'elles » (p. 228), et semble y faire prédominer l'aspect matériel espéré. Il insiste, tout comme Favart, sur sa licéité, sa vérité, et sur le fait que, bien qu'elle ne soit pas exprimée, elle n'en est pas moins légitime. D'où vient alors le fait que ce concept ait été si commenté, voire contesté ? Il semble que ce concept de cause possède en fait une double signification qui lui vient de l'Histoire.

La cause serait tout d'abord la raison morale pour laquelle les contractants se sont engagés, tout engagement immoral ou illicite étant nul. C'était l'analyse des canonistes, qui ajouteront qu'envers celui qui ne respecte pas sa parole, on peut ne pas respecter la sienne. La cause serait ensuite, selon les juristes de l'Ancien Droit, un élément matériel du contrat. Le contrat serait une opération où chacun recherche son avantage : je vends ma maison pour obtenir l'argent ; vous donnez l'argent pour obtenir la maison. Cette conception matérielle paraissait être celle de Domat qui n'envisageait la cause que pour les contrats « intéressés »[1], et les contrats de bienfaisance où elle consiste « dans le service rendu, le mérite du donataire ou le plaisir de faire du bien ». Telle sera l'optique de Portalis qui définira également la cause à propos des contrats intéressés, qu'il assimilera aux commutatifs, comme « l'intérêt ou l'avantage qui est le motif et comme la raison de l'engagement » (t. 14, p. 131). Quant aux contrats de bienfaisance, la cause « se trouve suffisamment dans le sentiment qui les produit » *(ibid.)*. Le concept de cause recouvrirait ainsi un aspect objectif et un aspect subjectif. Le premier paraît être celui des rédacteurs. Le second prédominera dans la doctrine dès le milieu du XIXe siècle et sera confondu avec les motivations des contractants.

C'est encore la conception actuelle, même si elle est parfois critiquée.

5. **Les effets des obligations.**

A) *Le fondement de la force obligatoire du contrat.* — « Les conventions légalement formées tiennent lieu de loi à ceux qui les ont faites. Elles ne peuvent être révoquées que dans leur consentement mutuel ou pour les causes que la loi autorise. Elles doivent être exécutées de bonne foi » (art. 1134). Le respect de la parole donnée, notion morale, devient norme contractuelle, consacrée par le Code. Nous retrouvons là la logique de la doctrine de l'Ecole du Droit naturel, la traduction juridique des principes moraux universels. La formulation de l'article 1134 vient d'ailleurs de Domat, pour qui les contractants devaient se faire « une loi d'exécuter ce qu'ils promettent ». Mais nous retrouvons également la conception

1. Dans lesquels « il se fait un commerce où rien n'est gratuit et l'engagement de l'un est le fondement de celui de l'autre. (...) et même ajoute-t-il, « dans les conventions où un seul paraît obligé comme dans le prêt d'argent, l'obligation de celui qui emprunte a été précédée de la part de l'autre de ce qu'il devait donner pour former la convention. (...) L'obligation qui se forme dans ces sortes de conventions au profit de l'un des contractants a toujours sa cause de la part de l'autre, et l'obligation serait nulle si... elle était sans cause ». Elle consiste pour chaque contractant dans « ce que l'autre lui donne ou s'engage à lui donner ».

individualiste du XVIIIe siècle proclamée par la Révolution : l'Individu est un être libre qui ne peut s'engager que par sa propre volonté. Ce principe « sert de base » à la théorie des obligations pour Bigot de Préameneu. La force obligatoire du contrat résulte donc de la volonté des parties et de leur engagement réciproque. Le XIXe siècle exaltera une telle conception, connue comme la théorie de l'autonomie de la volonté : seule, sa volonté oblige l'individu; seule, la volonté des parties constitue la source de leurs obligations et de leurs conséquences. Le contrat ne tire pas sa force de la loi, mais de l'homme lui-même. On a montré[1] que cette conception était en fait apparue à la fin du XIXe siècle. L'intervention croissante de l'Etat, notamment dans la législation du travail, fut considérée comme une atteinte à la liberté individuelle et engendra une crispation de la doctrine sur l'importance du rôle de l'individu dans le contrat.

Mais cette conception était-elle celle des rédacteurs du Code? Il ne semble pas, contrairement à ce qu'on aurait pu penser, qu'ils aient accordé tant d'importance à la volonté individuelle. Loin de constituer l'unique source contraignante du contrat, la volonté des contractants demeure soumise à une norme supérieure, la loi. L'adverbe « légalement » de l'article 1134 est explicite. Certes, la liberté individuelle implique qu'on ne peut s'engager que volontairement. Mais le contrat est une émanation de la loi, dira Favart.

Le principe est désormais fondé sur la loi positive : « Toutes les fois qu'une convention aura été légalement formée... cette convention sera elle-même une loi, et le jugement qui la violera sera soumis à la censure du tribunal chargé de les conserver toutes... »

L'article 1135 (« les conventions obligent non seulement à ce qui y est exprimé, mais encore à toutes les suites que l'équité, l'usage ou la loi donnent à l'obligation

1. V. Ranouil, *L'autonomie de la volonté, naissance et évolution d'un concept,* 1980.

d'après sa nature ») conforte cette vision du contrat : la volonté des contractants les engage au-delà de ce qu'ils ont pu vouloir, mais qui est conforme à l'équité ou à la loi. Le contrat tire sa force de la loi, qui considère l'engagement des parties, fait librement, obligatoire, car conforme à l'ordre juridique. L'interprétation du contrat corrobore cette conception : en cas de doute sur la convention, l'interprétation doit se fonder sur la volonté présumée des parties : leur volonté l'emportent sur le texte écrit; ces règles doivent être suivies par les juges qui doivent rechercher l'intention des parties (art. 1156). L'usage, expression de la volonté du groupe, s'impose en cas d'ambiguïté.

B) *Les effets du contrat.* — Tous les effets du contrat doivent être déduits de la liberté des conventions et du principe d'équité. Dans les obligations de donner, il convient de livrer la chose et de la conserver jusqu'à la livraison (art. 1136).

L'obligation de livrer résulte du consentement des parties. Dès l'accord des contractants, chacun d'eux est propriétaire de l'objet dont il est créancier. La remise n'est pas nécessaire. Il en résulte une règle difficile à comprendre pour le non-juriste : si la chose périt, sans que le débiteur soit en faute, la perte doit être supportée par le propriétaire, alors même qu'il n'en a pas reçu livraison.

Le débiteur d'une obligation de faire, qui ne remplit pas son obligation, doit indemniser son cocontractant par des dommages et intérêts. L'inexécution implique une faute et un dommage envers le cocontractant. Encore faut-il la prouver et qu'il ne puisse être invoqué de force majeure (art. 1147 et 1148). La liberté individuelle empêche de forcer quelqu'un à faire ou ne pas faire. Mais, le créancier a subi une perte que ces dommages et intérêts doivent compenser. Une éthique se dégage. Ces dommages et intérêts ne doivent pas dépasser le montant de la perte éprouvée par le créancier. S'ils ont été prévus par les contractants, le juge ne peut accorder moins : c'est une excellente morale « en assujettissant les hommes à compter sur l'exécution littérale de ce qu'ils ont stipulé » (Favart, p. 324). Si l'obligation non exécutée portait sur une somme d'argent, les intérêts légaux sont seuls exigibles ; mais, les intérêts de plus d'un an peuvent produire eux-mêmes des intérêts. Ce qui était autrefois considéré comme usuraire n'est en fait que conforme à la morale : « Il ne faut pas qu'il soit au pouvoir du débiteur de reculer, par des chicanes multipliées, le paiement du premier capital, et de nuire au créancier en le privant du droit de se faire un nouveau capital des intérêts civils de ses fonds. Ce principe forcera les hommes à l'exécution de leurs obligations en les punissant du retard qu'ils voudront y porter (Favart, *ibid.*).

C) *L'extinction des obligations.* — Les liens qui se sont formés entre les contractants cessent lorsque le contrat a été exécuté ou lorsque les parties n'ont plus rien à obtenir l'une de l'autre. L'article 1234 cite plusieurs moyens d'extinction des obligations : paiement, novation, remise volontaire, compensation, confusion, perte de la chose, nullité ou rescision, condition résolutoire, prescription. Nous ne pouvons les étudier tous et n'avons retenu que le principal, le paiement, et la cession de biens, en insistant sur la situation faite au débiteur. Le paiement constitue le mode essentiel d'extinction des obligations, qu'il soit effectué par le débiteur ou en son nom, au créancier ou à son représentant.

Plusieurs problèmes peuvent cependant se présenter. Quid si l'une des parties paie, alors qu'elle sait que son obligation est inexistante civilement, éteinte par exemple par la prescription, de telle sorte que le créancier ne peut rien réclamer ? L'équité voudrait que le créancier soit considéré comme ayant reçu indûment et que ce trop perçu puisse être restitué au débiteur. Le Code considère au contraire que le débiteur a payé en connaissance de cause, et qu'il montre ainsi qu'il renonce aux exceptions que la loi pouvait lui accorder. « La bonne foi et le cri de sa conscience » (Bigot de Préameneu) l'ont poussé à payer. La loi ne saurait être plus forte. De même, le créancier qui a reçu de son débiteur une somme qui n'appartenait pas à ce dernier, ne saurait être contraint de restituer. Enfin, le débiteur doit donner au créancier ce qui est convenu, et ne saurait se libérer avec d'autres objets. Ce serait contraire au principe que le contrat fait la loi des parties : « On ne peut accorder au débiteur un adoucissement qui souvent nuirait au créancier et qui, toujours, le livrerait à des embarras et à des difficultés » (Favart, p. 345). Ce même principe implique d'ailleurs pour le créancier le droit de refuser un paiement partiel de la dette. Seuls les juges peuvent accorder un délai au débiteur. Mais que de précautions pour ménager l'intérêt du créancier : ils doivent considérer la position du débiteur, « user de ce pouvoir avec une grande réserve », « accorder des délais modérés pour le paiement... » (art. 1244). L'opinion des rédacteurs suffit à expliquer cette réserve du Code : le délai doit être accordé « pour des motifs d'humanité, ou peut-être pour l'intérêt même du créancier » (Bigot de Préameneu, p. 267).

L'autre moyen d'extinction des obligations est la cession de biens (art. 1265 et s.), c'est-à-dire l'abandon qu'un débiteur fait de tous ses biens quand il ne peut plus payer ses dettes. Les créanciers peuvent refuser ce paiement, mais la loi peut le leur imposer, si la situation du débiteur le justifie. Il doit être « malheureux et de bonne foi » (art. 1268)[1], sous la menace de la contrainte par corps, car la raison essentielle de cette cession de biens est de libérer la personne du débiteur. Les créanciers acquerront le droit de faire vendre les biens du débiteur, jusqu'à concurrence de la dette. La cession

1. « La loi ne peut accorder sa protection qu'à celui qui n'a pas à rougir de la cause de son infortune », dira Favart (p. 355).

de dettes apparaît ainsi comme le dernier recours, « l'asile » du débiteur, si c'est un « bon » débiteur[1].

6. **Les différents contrats.** — Nous voudrions seulement, à propos des plus importants, mettre l'accent sur la « philosophie » qui s'en dégage.

7. **Les contrats qui résultent d'une convention.**

A) *La vente.* — C'est « un contrat par lequel l'un s'oblige à livrer une chose et l'autre à la payer » (art. 1582).

Conformément aux principes généraux des contrats, la vente est parfaite dès le consentement des parties : dès l'accord sur la chose et le prix, l'acheteur devient propriétaire, et ceci « quoique la chose n'ait pas encore été livrée ni le prix payé » (art. 1583). Ce principe est contraire au droit romain : si la vente y était consensuelle, la propriété devait être transférée par tradition de la chose notamment. Et Portalis de souligner que ces principes sont « plus conformes à la raison et plus favorables à la société » (t. 14, p. 112) : « Par la seule expression de notre volonté nous acquérons par nous-mêmes, et nous transportons à autrui toutes les choses qui peuvent être l'objet de nos conventions » (p. 113).

Qui peut acheter ou vendre ? : n'importe qui, du moment qu'il en est capable peut valablement contracter une vente. Il en résulte naturellement que, dans l'optique du Code, la femme mariée ne peut contracter sans l'autorisation de son époux, et, à défaut de cette autorisation, sans celle de la justice. Pour Bigot de Préameneu, cette « inhibition » se trouve « au nombre des droits et devoirs des époux » (p. 227).

1. « La loi... doit être inflexible contre ceux qui ne remplissent pas leurs engagements. L'opinion publique saura toujours adoucir la condition d'un débiteur qui, accablé d'un revers inattendu, est empêché de satisfaire ses créanciers. Un tel débiteur sera-t-il jamais forcé de recourir à la cession judiciaire ? » (Favart, p. 357).

B) *Une morale de la vente.* — Sont invendables naturellement les choses hors commerce, c'est-à-dire « celles qui ont été destinées par la Providence à demeurer communes », ou qui sont consacrées à des usages publics, donc celles dont l'appropriation privée nuirait à l'intérêt général.

On ne peut vendre la chose d'autrui, ce qui est logique puisque la vente transfère la propriété : le vendeur ne saurait transmettre ce qu'il n'a pas. Et quand bien même l'acheteur serait au courant, l'acte ne serait pas valable, car on ne saurait disposer d'une propriété à l'insu d'un tiers.

Ce souci de morale conduit les rédacteurs à repousser toute spéculation sur la vie d'autrui, assimilée à un crime par la pensée. L'assurance sur la vie est ainsi prohibée : « L'homme est hors de prix; sa vie ne saurait être un objet de commerce; sa mort ne saurait être la matière d'une spéculation mercantile... la cupidité qui spécule sur les jours d'un citoyen est souvent bien voisine du crime qui peut les abréger » *(ibid.)*. La spéculation sur la succession d'une personne vivante, le pacte sur succession future, « est un contrat éventuel sur la vie de cette personne », car il offre « le spectacle affligeant d'un parent... assez dénaturé pour consulter avec une sombre et avide curiosité le livre obscur des destinées, pour fonder de honteuses combinaisons sur les tristes calculs d'une prescience criminelle... pour oser ouvrir la tombe sous les pas d'un parent, d'un bienfaiteur peut-être » *(ibid.)*. Cette morale de la vente s'exprime également à propos des obligations du vendeur et de l'acheteur. Le vendeur doit délivrer la chose vendue et la garantir (art. 1603), l'acheteur payer le prix (art. 1650). Se pose alors la question essentielle à propos de la vente : doit-on admettre sa rescision pour lésion? Le droit romain et l'Ancien Droit avaient admis la rescision pour lésion d'outre moitié. Sous la Révolution, la mauvaise situation monétaire et l'inflation interdisaient la lésion.

Que doit faire le législateur ? Admettre la lésion dans la vente reviendrait, et Portalis en est conscient, à aller contre toute la philosophie individualiste du Code. Si l'on admet que les individus ont contracté librement, que la valeur des objets varient selon les personnes et leurs psychologies, et que le juste prix est celui fixé par les contractants, bref, que le contrat fait la loi entre les parties, on ne peut admettre la lésion.

Mais, au-dessus de la justice contractuelle, décidée par les individus eux-mêmes, sont les règles immuables de l'équité qui s'opposent à cette philosophie individualiste. Et cette exigence d'équité se retrouve dans le Code même, qui ne saurait se contredire. Toute obligation repose sur une cause, intérêt ou avantage, on l'a vu, qui est la raison de l'engagement. Il faut donc examiner si cet avantage est proportionné « s'il y a un équilibre raisonnable entre ce que l'on donne et ce que l'on reçoit ». Pour le contrat de vente, où une chose est échangée contre un prix, « il faut que ce prix réponde à la valeur de cette chose ». Si cet équilibre n'existe pas, le contrat est sans cause. Voilà la théorie. Mais comment la mettre en pratique ? Comment savoir si le prix est juste, et, encore une fois, pourquoi ne pas s'en remettre au contrat, loi convenue entre les parties ? Portalis va répondre en économiste, en moraliste, et en juriste. En économiste, il distingue la valeur d'un objet (« l'estimation de son utilité »), du prix conventionnel (« il ne peut être que le résultat des rapports singuliers qui rapprochent les contractans »), et du juste prix (« le résultat de l'opinion commune » « le résultat équitable et indélibéré de toutes les volontés et de tous les intérêts » (p. 136). En moraliste, il explique : « le prix conventionnel peut s'écarter et s'écarte réellement du juste prix, quand la cupidité d'une part, et la nécessité de l'autre, deviennent la seule balance des pactes ou des accords arrêtés entre les parties... ». Il conclut en juriste : on reconnaît en droit qu'un prix peut être vil, pour des donations déguisées en ventes notamment ; c'est reconnaître l'écart entre juste prix et prix conventionnel... On doit faire de même pour la lésion « injustice inconciliable avec les principes d'équité qui doivent être l'âme de tous les contrats » (p. 134).

La lésion doit donc être admise dans la vente, comme on l'a admise dans le partage.

Certes, si la lésion est admise, l'insécurité juridique règnera, le contrat pouvant à tout moment être annulé. C'est pourquoi le droit ne doit pas sanctionner tout ce qui est injuste moralement (« la loi a plus pour objet la paix que la vertu » (p. 136). Il faut donc que la lésion soit au-delà des sept douzièmes, lésion si énorme qu'on ne peut l'admettre « sans renoncer à toute justice naturelle et civile » *(ibid.)*.

Les majeurs eux-mêmes doivent pouvoir l'invoquer, car une lésion aussi énorme équivaut, comme l'avaient noté les romains à un dol. Et ne faut-il pas les protéger contre eux-mêmes ?

Mais, pour restreindre l'utilisation de la lésion, le Code ne la réserve qu'aux ventes d'immeubles, fondements de patrimoines, et lui donne un délai d'exercice de deux ans.

De même, seul le vendeur pourra l'exercer[1].

8. **Le louage.** — Contrat éminemment utile[2], le contrat de louage se subdivise en louage de choses (« contrat par lequel l'une des parties s'oblige à faire jouir l'autre d'une chose pendant un certain temps, et moyennant un prix que celle-ci s'oblige à lui payer » (art. 1709) et louage d'ouvrage (« contrat par lequel l'une des parties s'engage à faire quelque chose pour l'autre, moyennant un prix convenu entre elles » (art. 1710).

A) *Le louage de choses.* — Il se subdivise en bail à loyer, à ferme. Chacune des parties a des obligations. Pour le bailleur livrer la chose louée, l'entretenir et garantir le preneur d'éventuelles évictions. Pour le preneur,

1. « On peut vendre par besoin, par nécessité... on n'est jamais forcé d'acquérir ; on est toujours présumé dans l'aisance quand on fait une acquisition » (p. 145).

2. « C'est par lui que... que la classe laborieuse attire à soi le superflu de la classe opulente, en lui donnant temporairement à loyer son travail, ses services ou ses soins » (Mouricault, p. 321).

payer le prix convenu, user de la chose suivant sa destination, et en bon père de famille, la restituer dans l'état où il l'a reçue. Le preneur d'un bail à ferme doit cultiver en bon père de famille, c'est-à-dire convenablement, engranger dans les lieux adéquats afin de ménager des gages de paiements au propriétaire, et enfin avertir le bailleur de toute usurpation sur son fonds, « grande idée d'ordre public et de morale » (Jaubert, p. 354). Quid si une catastrophe survient dans les lieux loués ? : lequel des locataires est responsable d'un incendie dont on ne sait comment il a pris ? L'article 1734 stipule que « tous les locataires sont solidairement responsables de l'incendie ». L'explication avancée par Mouricault est simple : le propriétaire du dommage doit être indemnisé et, l'incendie s'étant déclaré dans la maison « est le produit de la faute des locataires » ils sont tous responsables ; « c'est à eux de se surveiller mutuellement » (p. 329).

B) *Le louage d'ouvrage.* — L'article 1780 précise : « On ne peut engager ses services qu'à temps ou pour une entreprise déterminée. » Quant à l'article 1781, il stipule qu'en ce qui concerne les salaires « le maître est cru sur son affirmation ». Deux articles seulement pour les relations de travail, deux articles qui ne suscitent d'ailleurs guère de commentaires chez les rapporteurs du projet. L'article 1780 rappelle implicitement l'abolition révolutionnaire du servage et, comme le dit Mouricault, il était « convenable » de consacrer cette liberté individuelle. Quant à l'article 1781, qui place l'ouvrier à la merci de son employeur, aucune justification n'est donnée, si ce n'est que « le maître dont on a suivi la foi est cru sur son affirmation » (Mouricault, p. 339). Ce quasi-silence s'explique doublement. D'une part le principe de la liberté des contractants freine une réglementation plus poussée. D'autre part, la législation révolutionnaire (le décret d'Allarde et la loi Le Chapelier), en interdisant toute tentative de reconstitution de corporation, supprime la possibilité d'une structure entre l'Etat et l'individu. Les relations de travail résultent donc de négociations individuelles, ce qui n'avantage pas l'employé. La liberté et l'individualisme poussés à l'extrême ne peuvent engendrer que l'inégalité. Ce silence du Code explique en partie la misère ouvrière devant une industrialisation que les rédacteurs n'ont pas prévue. Il faudra attendre, on le sait, 1884 pour que la structure syndicale soit autorisée et assure davantage de protection.

C) *Les baux ruraux.* — Le Code insiste davantage sur les relations entre le propriétaire d'une terre et son preneur. Nous avons vu que ce dernier devait la cultiver en bon père de famille. L'intérêt de l'agriculture exige, par ailleurs, que le preneur soit dans une situation juridique qui l'incite à rester sur la terre louée. De là certaines garanties qui lui sont accordées. Désormais (art. 1743), un nouvel acquéreur ne pourra chasser le fermier. La défense du fermier est d'ailleurs moins visée que l'intérêt de l'agriculture. D'autre part, partant du principe que ce louage n'est qu'une vente de fruits futurs, il est précisé qu'en cas de perte de la récolte par cas fortuit (sauf si le preneur les a pris à sa charge), le preneur peut demander une remise de son loyer. Une condition essentielle : la perte des fruits doit avoir eu lieu avant que les fruits soient séparés de la terre, car ils sont alors aux risques du propriétaire (art. 1771).

Enfin trente articles règlent minutieusement les baux à cheptel, et nous plongent dans ce monde rural du siècle dernier. Dans ce contrat, « l'une des parties donne à l'autre un fonds de bétail pour le garder, le nourrir et le soigner, sous les conditions convenues entre elles » (art. 1800). Contrat jugé comme fondamental par les rédacteurs, dans la mesure où ils considèrent l'agriculture comme la base de la prospérité nationale. Les différentes sortes de cheptel reposent sur ce même principe, le partage des profits et des pertes entre le bailleur qui fournit le troupeau et le preneur qui l'entretient. Dans le bail à cheptel simple, les profits (croît des animaux, mais aussi vente des produits...) sont partagés par moitié. En ce qui concerne les pertes par cas fortuit et sans que le fermier soit en faute la réglementation est la suivante : en cas de perte partielle, elle est répartie proportionnellement entre le bailleur et le preneur; en cas de perte totale, elle incombe au propriétaire. Cette réglementation est pour le moins curieuse : le fermier a intérêt à ce que la perte soit totale, et à faire d'une perte partielle une perte totale.

D) *Le prêt.* — L'âme du prêt réside dans la générosité, et l'aspect bénévole[1], avec lequel on cède à autrui l'usage d'un objet qui vous appartient. Selon l'article 1874, « il y a deux sortes de prêt : celui des choses dont on peut user sans les détruire, et celui des choses qui se consomment par l'usage qu'on en fait ». C'est la distinction entre le prêt à usage ou commodat (du nom romain) et du prêt de consommation. Le Code envisagera ensuite le prêt à intérêt.

a) Le prêt à usage. — Une partie livre une chose à l'autre pour qu'elle s'en serve, à charge pour elle de la rendre au prêteur. C'est le service par excellence, tel qu'on l'imagine dans une société agricole, ou entre voisins. Il est désintéressé (art. 1880) ; l'emprunteur doit conserver, toujours en bon père de famille l'objet et au besoin sauver si nécessaire cet objet plutôt que les siens propres : « Il doit à l'homme généreux qui l'oblige de ne pas sacrifier la chose du prêteur pour garantir ou sauver la sienne » (Boutteville, p. 459). Son égoïsme le conduirait d'ailleurs à être responsable de la perte (art. 1881)... Quant au prêteur qui reste propriétaire, il ne doit pas réclamer avant, et rembourser l'emprunteur des frais occasionnés par l'objet prêté. Bref, un contrat régi par l'équité. Le prêt de consommation obéit aux mêmes règles, si ce n'est que l'emprunteur, qui devient propriétaire des objets prêtés,

1. Cf. le tribun Boutteville : « Deux idées s'attachent naturellement au prêt : l'une, que celui qui consent à aider de sa chose un concitoyen, un ami, exerce envers lui un acte de générosité, d'amitié ou de bienfaisance ; l'autre qu'il ne se dessaisit que pour un temps et ne se dépouille pas de sa propriété » (p. 456).

mais consommés, doit les rendre en même quantité et qualité (art. 1892).

b) Le prêt à intérêt. — « Il est permis de stipuler des intérêts pour simple prêt, soit d'argent, soit de denrées, ou autres choses mobilières » (art. 1905). On sait que la question du prêt à intérêt a soulevé des passions. L'Eglise l'interdisait en se fondant sur l'Evangile[1] et sur la pensée d'Aristote pour qui l'argent n'engendrait pas d'argent. En fait, cette interdiction rapidement tournée par diverses fraudes, reposait sur l'idée implicite qu'il était immoral de gagner de l'argent sans travailler ou prendre de risques. Cependant, Calvin autorisera cette forme de prêt nécessaire à la vie économique.

L'Eglise elle-même, après une casuistique compliquée pour différencier intérêt et usure, finira par admettre que le prêteur non remboursé à temps peut obtenir un dédommagement du fait qu'il n'a pu utiliser son argent. Ce fut la Révolution qui, par un décret du 3 octobre 1789, autorisa le prêt à intérêt.

Les rapporteurs vont expliquer longuement la nécessité de cette mesure pour le Code, en différenciant l'usure « qui peut nuire au commerce » de l'intérêt « qui peut contribuer à sa prospérité » (p. 472)[2]. Le Code accepte donc, conformément à l'idéologie libérale, le prêt à intérêt. L'intérêt sera légal ou conventionnel, ce qui peut paraître une porte ouverte aux exagérations. Un palliatif apparaît nécessaire : l'intérêt sera fixé par écrit (1907). Ainsi, la crainte de l'opinion publique devrait faire reculer le créancier usurier, dont la cupidité sera retenue « par le frein de la honte » (p. 473).

E) *Le contrat de société.* — La société est un contrat par lequel deux ou plusieurs personnes conviennent de

1. « Aimez vos ennemis, faites du bien, prêtez sans rien attendre en retour » (Luc, VI, 35).

2. Cf. le tribun Albisson : « Voulez-vous multiplier les usuriers ? Proscrivez indéfiniment l'intérêt. Voulez-vous paralyser l'industrie qui manque de moyens ? Fermez lui toutes les bourses qui pourraient l'aider » (p. 472).

mettre quelque chose en commun, dans la vue de partager le bénéfice qui pourra en résulter » (art. 1832). L'idée directrice qui préside à ce contrat est la confiance, encore une fois, entre des personnes qui décident de s'unir pour un projet, confiance qui inspire les règles régissant la société. Le consensualisme en est la base : le contrat se forme avec des associés qui s'estiment; il se dissout par la volonté des associés ou lorsque la confiance n'a plus lieu d'être (déconfiture, mort civile...) (art. 1865). Confiance qui inspire l'équité qui doit régner entre les associés : la répartition des pertes et bénéfices doit être juste, et l'attribution de tous les bénéfices à un associé alors que l'autre n'aurait que les pertes annulerait le contrat (art. 1855) : « Il faut une proportion équitable entre la mise et le profit de chaque associé; il faut que la différence entre la répartition des bénéfices... soit fondée ou sur une mise plus forte, ou sur des risques plus grands, ou sur de plus éminents services, ou enfin sur toute autre cause légitime en faveur de celui qui est le plus avantagé » (Treilhard, p. 498).

L'objet de la société doit demeurer licite (art. 1833). Outre la prohibition de ce qui est réprouvé par la loi et les bonnes mœurs, on ne peut s'associer « pour des manœuvres qui tendraient à faire hausser le prix d'une denrée » (Treilhard, p. 395). On retrouve là la méfiance envers le corporatisme récemment aboli, et la concrétisation du libéralisme économique. Cette même méfiance conduira à ignorer que les sociétés civiles peuvent détenir la personnalité morale.

La personnalité juridique des groupes, c'est-à-dire leur capacité juridique d'exister, constitue un vaste problème. Dans l'Ancien Droit, les groupements jouaient un rôle considérable et possédaient parfois une existence juridique. Il en était ainsi notamment des corporations, qui tenaient leur existence juridique du pouvoir. En ce qui concerne les sociétés, le texte essentiel, l'Ordonnance de Colbert sur le Commerce, n'évoque pas la question. Pothier reconnaîtra la personnalité morale à la société tandis que d'autres la lui refuseront. Les rédacteurs en restèrent à l'idée que c'est à l'Etat qu'il appartient d'accorder ou de refuser la personnalité à un regroupement d'individus. C'est ainsi que le Code pénal interdit les associations de plus de vingt personnes, sauf autorisation; les sociétés anonymes ne peuvent se créer qu'avec une autorisation gouvernementale.

Cependant, si le Code civil n'évoque pas expressément la personnalité morale des sociétés, elle apparaît en filigrane. Le tribun Gillet (p. 421) qualifie la société « d'être collectif dont les relations diverses ont du être déterminées par autant de règles différentes ». Et de fait, le Code, lorsqu'il décrit les obligations des associés envers la société, et celles de la société envers les associés, semble faire de celle-ci une entité juridique[1]. Un arrêt de la Cour de cassation du 8 novembre 1836 affirmera la personnalité morale des sociétés, affirmation qui relancera d'ailleurs un débat doctrinal intense.

F) *Les contrats aléatoires.* — « Le contrat aléatoire est une convention réciproque dont les effets, quant aux avantages et aux pertes, soit pour toutes les parties, soit pour l'une ou plusieurs d'entre elles, dépendent d'un événement incertain » (art. 1964). Le Code ne retient que le jeu, le pari et le contrat de rente viagère.

Le contrat aléatoire repose sur un mauvais penchant de la nature humaine, la spéculation : « Si le premier contrat indiqué à l'homme par la nécessité et l'industrie fut l'échange, le dernier qu'inventa sa cupidité doit être le contrat aléatoire... Il a voulu dans les spéculations avides de son intérêt, comme dans les combinaisons ambitieuses de son génie, peser le destin lui-même, et calculer l'avenir... Le contrat aléatoire embrasse toutes les conventions dont le dernier résultat est sous le voile de l'avenir et du hasard, et dans lesquelles un prix certain compense un risque ou paie un avantage incertain » (Tribun Duveyrier, p. 557)[2].

1. Cf. Duranton : « (...) la société, dans notre droit, doit être regardée comme un être moral, un être intermédiaire, en un mot, une tierce personne qui a ses droits et ses obligations séparés des droits et des obligations de chacun des associés de la société » (*Cours de Droit français suivant le Code civil,* 3e éd., 1833, p. 313).

2. Cf. Portalis (p. 535) : « Ces contrats sont le produit de nos espérances et de nos craintes. On veut tenter la fortune ou être rassuré contre ses caprices. »

a) Le jeu et le pari. — Le jeu est vilipendé, comme résultant d'une faiblesse humaine. En conséquence, le droit ne peut le prendre en compte, mais doit au contraire atténuer ses conséquences envers le joueur et sa famille[1].

Portalis justifiera juridiquement cette mise hors la loi du jeu. C'est un engagement; tout engagement doit avoir une cause : « Or, quelle est la cause d'une promesse ou d'une obligation contractée au jeu? L'incertitude du gain ou de la perte. Il faut quelque chose de plus solide et de plus réel que le désir bizarre de s'abandonner aux caprices de la fortune pour fonder des causes sérieuses d'obligation entre les hommes. » Ces obligations ne sont donc fondées, contrairement à l'assurance par exemple, sur aucun motif « utile ou raisonnable », puisque l'enjeu promis est laissé à « l'aveugle arbitrage du hasard ». Bien plus, ce contrat est contraire à la raison d'être même du contrat, l'échange de services : « Chaque joueur n'espère que de sa fortune, et ne se repose que sur le malheur d'autrui. A la différence des contrats ordinaires qui rapprochent les hommes, les promesses contractées au jeu les divisent et les isolent. »

Enfin, le jeu est nocif socialement : « Ignore-t-on que le jeu favorise l'oisiveté, en séparant l'idée du gain de celle du travail... ? Ignore-t-on les révolutions subites qu'il produit dans le patrimoine des familles particulières... ? »

En conséquence, « la loi n'accorde aucune action pour une dette de jeu ou pour le paiement d'un pari » (art. 1965).

b) Le contrat de rente viagère. — « C'est une pension qu'on établit libéralement au profit de quelqu'un tant qu'il vivra, ou c'est une prestation annuelle que l'on constitue moyennant une valeur ou un capital qu'on appelle fonds perdu, parce que celui

1. Cf. le tribun Duveyrier (p. 558) : « Le jeu proprement dit, ce ministre aveugle et forcené du hasard, qui place entre deux hommes, sur un tas d'or, la plus épouvantable alternative, le bonheur ou l'adversité... ; qui dévore la substance des épouses et des enfans ; ... qui engendre, alimente, exalte, justifie toutes les passions, tous les vices... ; ce monstre antisocial, bien qu'il affecte et figure le maintien d'un contrat, ne mérite pas sans doute la protection que la loi doit aux conventions ordinaires. »

qui le livre ne le paye pas, il le donne ; il ne peut le répéter comme une dette, ni être contraint d'en recevoir le remboursement » (Siméon, p. 551).

Ce contrat suscite quelques hésitations chez les présentateurs. Est-il « l'acte le plus touchant de la bienfaisance... la dernière et consolante ressource de l'infortune et de la vieillesse » ? N'est-il qu' « un odieux calcul d'avarice et de cupidité, le froid conseiller de l'égoïsme, le compagnon solitaire de la misanthropie, l'ennemi de toute affection sociale et le spoliateur des familles » ? (Duveyrier, p. 561 et 562).

Portalis le considère moralement et économiquement. Le contrat est immoral s'il aliène l'héritage d'une famille sans raison véritable; il est moral s'il permet à un vieillard de survivre. Alors, faut-il interdire ce contrat sous prétexte qu'il est spéculation froide sur la vie d'autrui? Supprimons alors les legs. Economiquement, ce contrat constitue un moyen d'acquérir plutôt que d'aliéner, et il ne fait guère plus appel à la spéculation que les autres contrats. S'il est à titre onéreux (art. 1968), il s'apparente à la vente; s'il est gratuit, il s'apparente à une libéralité (art. 1969). Le taux de la rente reste soumis à la volonté des parties et la loi se refuse à le fixer[1].

Enfin, seul le créancier de la rente peut résilier le contrat. C'est la rançon de l'aléa pour le débiteur dont la spéculation se montre peu favorable (art. 1979). Quant au rentier, il ne peut demander le remboursement du capital; la loi lui rend ainsi service : « Elle le soustrait à l'embarras de chercher un autre emploi, et au danger peut-être de perdre sa dernière ressource, en laissant son capital oisif, en le consommant par portions, en le confiant aux hasards non encore éprouvés d'un nouveau placement » (Duveyrier, p. 565).

1. « Le moment qui doit déterminer la perte ou le profit... étant un mystère impénétrable..., il est impossible d'appliquer à la formation même du contrat les notions certaines du juste et de l'injuste pour lui imposer un prix uniforme et légitime » (Duveyrier, p. 563).

En définitive, il semble que le Code ne prenne pas partie sur le bien-fondé de ce contrat. Les sentiments trop intimes auxquels il fait appel expliquent cette pudeur. Simplement, la liberté laissée aux parties, tempérée par quelques principes imposés, suffit à la morale.

Les contrats apparaissent ainsi dans le Code comme des modalités d'échanges de services : la volonté des parties en définit le contenu, mais elle reste soumise à une éthique d'équilibre, de respect des bonnes mœurs, d'une morale tracée par la loi.

9. **Les engagements qui se forment sans convention.** — Il peut se faire qu'un individu, spontanément, par amitié, s'oblige envers autrui, sans qu'une convention soit passée. Mon voisin, absent, a eu, lors d'un orage violent, le toit de sa maison détruit. Je me charge, volontairement, de la réparation. J'ai engagé des frais, que mon voisin doit me rembourser. On ne peut parler d'un véritable contrat, puisqu'il n'y a pas d'engagements réciproques. On parlera de quasi-contrat. Ce sont la gestion d'affaire et la répétition de l'indu.

A) *La gestion d'affaires.* — L'exemple en a été donné plus haut. Le Code ne donne d'ailleurs pas d'exemples précis, mais il détermine seulement les règles générales. La gestion d'affaires repose sur la bienfaisance. C'est en somme le service d'ami. Mais un ami ne saurait être superficiel, et la bienfaisance véritable implique une prise en charge totale de l'affaire d'autrui : « La loi ne pouvait souffrir que celui qui, par un premier mouvement de générosité, avait entrepris une affaire quelconque, l'abandonnât au milieu de son cours. Un bienfait ne mérite ce nom que lorsqu'il est tout entier » (Tarrible, t. 13, p. 482). La gestion des affaires d'autrui implique également que l'on s'y adonne en bon père de famille (art. 1374). Que faut-il entendre par là? Beaucoup de choses, à en croire Tarrible : « Ce mot, consacré par les premières lois des Romains, rappelle la simplicité des mœurs de ces temps antiques; il exprime des idées de bonté et perfection; il présente la sollicitude, la prévoyance, l'activité, la sagesse, la constance, comme autant de devoirs imposés à celui qui entreprend de gérer les affaires d'un autre » *(ibid.)*.

Mais de telles exigences peuvent freiner l'ardeur d'éventuels voisins bien intentionnés. De là la modération des dommages et intérêts à verser en cas de faute de gestion (art. 1374). Enfin, le propriétaire satisfait de la gestion improvisée doit remplir les engagements pris par le gérant, et l'indemniser de ses dépenses (art. 1375). Une telle opération se situe complètement dans l'optique du Code : l'obligation est d'abord morale et repose sinon sur un fondement chrétien, la charité, du moins sur un principe kantien, repris par la Révolution, « faire aux autres tout le bien qu'on voudrait qu'ils nous fissent ». La loi vient au secours de celui qui s'est obligé sans retour; elle contraint l'autre partie à l'indemniser, au nom de l'équité : l'équilibre des patrimoines a été rompu par une dotation d'avantages sans retour. L'équilibre doit être rétabli.

Le même principe préside à l'autre « quasi-contrat », la répétition de l'indu. J'ai payé à une personne, de bonne ou de mauvaise foi, une dette dont je ne lui étais pas redevable. Cette personne a donc reçu injustement ce qu'elle ne devait pas. Il doit y avoir répétition, restitution de l'indu. Je dois pouvoir réclamer le trop perçu (art. 1376-1377). Une restriction cependant : je ne suis pas débiteur, mais j'ai payé, en me trompant, une somme qui était réellement due à un créancier, par un autre que moi ; le créancier a détruit son titre. Par mon imprudence, le créancier ne peut plus justifier de sa créance. C'est donc à moi de demander l'indu au vrai débiteur. La négligence diffère l'application de l'équité...

B) *Les engagements qui résultent d'un fait illicite de l'homme.* — Par ma faute, je cause un dommage à autrui ; je suis obligé de réparer en indemnisant autrui du dommage subi. Telle est la théorie de la responsabilité civile.

Là encore, le droit romain apportera les principaux matériaux. Une loi Aquilia (IIIe siècle av. J.-C.) sanctionnait tout délit qui causait à autrui un dommage, le *damnum*. Celui qui avait tué, de manière illicite (*injuria,* contrairement au *jus*) un animal faisant partie d'un troupeau, un esclave, celui qui a rompu, brisé, brûlé les objets d'autrui, doit indemniser le propriétaire en lui versant une somme égale à la plus haute valeur atteinte par l'objet dans les semaines précédant l'incident. Cette loi fut étendue : l'idée de « rompre » fut élargie à l'idée de lésion physique ; l'*injuria* comprit la faute, et la sanction fut proportionnée à l'intérêt de la personne lésée. On passa d'une conception objective à une conception subjective de la responsabilité.

Le droit canon accentua la notion de faute, l'assimilant au péché. Mais la théorie de la responsabilité resta, au Moyen Age, empêtrée dans des principes propres aux sociétés peu évoluées : la vengeance appartient à la famille ; des indemnités sont fixées à l'avance selon la gravité de l'atteinte ; et surtout, la responsabilité est envisagée de manière objective, sans qu'on tienne compte de la personnalité du délinquant, ni des circonstances.

Il fallut attendre l'Ecole du Droit naturel, avec Grotius, puis Domat en France, pour que la théorie de la responsabilité prenne forme. Elle découlera des principes moraux : il convient de ne pas nuire à autrui et de réparer le mal qu'on a causé par sa faute. Enfin, elle distinguera le droit pénal du droit civil. La responsabilité délictuelle comme la responsabilité contractuelle sont désormais fondées sur la faute : tout comportement anormal, négligent, qui cause un dommage implique réparation.

Le Code civil reprendra les mêmes principes : « Tout fait quelconque de l'homme, qui cause à autrui un dommage, oblige celui par la faute duquel il est arrivé, à le réparer » (art. 1382). Ce principe est à la base de toute la responsabilité civile, qui devait prendre, avec le développement du machinisme et de l'automobile, un essor considérable. C'est pourquoi l'on est étonné lorsqu'on considère le peu de développements qu'y consacrent les présentateurs du projet. Le principe leur semble tellement évident qu'il n'y insistent guère. « Tout individu est garant de son fait; c'est une des premières maximes de la société » (de Greuille); « Cette disposition, qui donne une garantie à la conservation des propriétés de tout genre, est pleine de sagesse » (Tarrible). Mais quelle portée donner à ce principe? « Il embrasse tous les crimes, tous les délits, en un mot tout ce qui blesse les droits d'un autre; il conduit même à la conséquence de la réparation du tort, qui n'est que le résultat de la négligence ou de l'imprudence » (de Greuille, p. 474). Ainsi, tout dommage exige réparation. Mais encore faut-il, et ceci est fondamental, qu'il y ait faute de la part du délinquant. S'il n'y a pas faute, « il n'est plus que l'ouvrage du sort, dont chacun doit supporter les conséquences » (Tarrible). Mais ne serait-il pas exagéré de contraindre à une indemnisation pour un dommage causé par une faute non intentionnelle? La réponse est nette : tout défaut de maîtrise, de « vigilance » sur soi qui a causé le dommage constitue une faute. Le dommage a causé une perte, donc un déséquilibre, que l'auteur du dommage doit rétablir[1].

La responsabilité n'est pas seulement personnelle : le père est responsable des dommages causés par ses enfants, les instituteurs et artisans de ceux causés par leurs élèves et apprentis, les maîtres et commettants de ceux causés par leurs domestiques et préposés, les propriétaires de ceux causés par leurs animaux ou bâtiments (art. 1384 à 1386). La responsabilité des uns et des autres repose sur le manquement à la mission dont ils sont investis, « contenir leurs subordonnés dans les limites du devoir et du respect dû aux propriétés d'autrui » (Tarrible)[2].

Cependant, les pères, mères, instituteurs et artisans peuvent s'exonérer de leur responsabilité en prouvant qu'ils ne pouvaient empêcher le dommage. Cette possibi-

1. « La loi ne peut balancer entre celui qui se trompe et celui qui souffre. Partout où elle aperçoit qu'un citoyen a éprouvé une perte elle examine s'il a été possible à l'auteur de cette perte de ne pas la causer ; et si elle trouve en lui de la légèreté ou de l'imprudence, elle doit le condamner à la réparation du mal qu'il a fait... C'est dans ce défaut de vigilance sur lui-même qu'existe la faute, et c'est cette faute qu'on appelle en droit quasi-délit, dont il doit réparation. »

2. « Si les subordonnés les franchissent, ces écarts sont attribués avec raison au relâchement de la discipline domestique qui est dans la main du père, de la mère, du maître, du commettant, de l'instituteur et de l'artisan. Ce relâchement est une faute : il forme une cause du dommage indirecte, mais suffisante pour faire retomber sur eux la charge de la réparation. »

lité est, en revanche, refusée aux commettants et artisans. L'argument avancé est économique : « N'est-ce pas en effet le service dont le maître profite qui a produit le mal qu'on le condamne à réparer ? » (de Greuille, p. 476).

Ainsi, les forces vives de la nation sont protégées. Les dommages subis seront toujours réparés. C'est par un hymne au législateur que Tarrible termine sa présentation : « Que le propriétaire, l'artiste, le commerçant se livrent donc avec confiance et sécurité à leurs soins domestiques, à leurs travaux, à leurs spéculations; la loi veille pour eux; quel que soit l'auteur du dommage qu'ils auront essuyé, elle leur signalera toujours un réparateur » (Tarrible, p. 490).

III. — **Les régimes matrimoniaux**

Les régimes matrimoniaux intéressent au plus haut point la vie quotidienne des époux : ils règlent l'administration des biens, la répartition des charges du ménage. La France connaissait deux types de régimes matrimoniaux; le régime dotal, issu du droit romain, s'imposait dans les pays de droit écrit; le régime de la communauté de biens dominait dans les pays de droit coutumier. Or le Code civil, s'il laissait la liberté de choix aux époux, devait cependant décider quel serait le régime légal, c'est-à-dire s'imposant à ceux qui ne passaient pas de contrat de mariage. Et, quel que soit le choix, une partie du pays se sentirait lésée dans ses tradition juridiques.

1. **Le choix du régime légal.**

A) *L'excellence du régime dotal.* — Le régime dotal s'inspire des principes du droit romain : les fruits de la dot de l'épouse sont donnés au mari, pour l'aider à soutenir les charges du ménage. Le mari possède l'administration et la jouissance des biens dotaux de sa femme; celle-ci dispose des biens qui ne sont pas affectés à sa dot, les paraphernaux; enfin, les immeubles dotaux sont inaliénables par la femme comme par le mari. La protection de la femme est encore accrue en droit romain par le sénatus-consulte Velleien, qui lui interdit tout engagement au nom de son mari.

Il résulte de ce régime que les patrimoines des deux époux sont séparés et qu'il est conçu pour conserver, grâce à l'inaliénabilité, les biens dans la famille. A la dissolution du mariage, la dot est restituée à l'épouse ou à ses héritiers.

Dans les pays de droit écrit, on lui reconnaît naturellement tous les mérites. C'est le régime le plus pratiqué en France, tout d'abord, car outre les pays de droit écrit, la Normandie et la coutume de Reims y sont attachés. C'est ensuite le plus simple, la séparation des patrimoines en clarifiant la gestion. C'est également le plus sûr, puisqu'il interdit d'aliéner certains biens, qui constituent ainsi une garantie financière.

Mais ces arguments juridiques vont être renforcés par des considérations psychologiques parfois cocasses. Duveyrier rappelle ainsi l'argumentation de ses défenseurs : la dot permet à l'épouse d'épanouir sa nature de femme, et le régime de la communauté l'inciterait, pour accroître le patrimoine, à travailler hors du foyer la poussant ainsi : « Vers la frivolité, la dissipation, le désordre et le vice, cette alliance d'attributs contraires par laquelle elle est souveraine et esclave ; cet accord touchant de beauté et de faiblesse, d'empire et de soumission sur lequel repose son bonheur et le nôtre » (p. 701).

La dot est aussi une garantie de respect pour la femme vieillie. « Dans l'inutilité de sa décrépitude..., il importe qu'elle ne puisse jamais se séparer de cette dot qui lui devient plus nécessaire de jour en jour, ne fût-elle qu'un appât... Oui, quand même ce serait l'intérêt qui se colorerait en respect et en amour, la mère de famille n'en jouira pas moins de cette douce et dernière illusion... » (Carion Nisas, p. 785).

Enfin, un argument économique : le mari, qui ne craint pas le partage des biens est poussé à travailler pour accroître des biens dont il jouit et dispose.

B) *L'excellence du régime de communauté.* — Il constitue le meilleur régime matrimonial, parce que son essence se rapproche de celle du mariage : « L'union des personnes ne conduit-elle pas à la société de biens, et la communauté des travaux n'établit-elle pas la communauté des bénéfices ? » (Berlier, p. 665). Le régime dotal en fait, par sa conception d'infériorité de la femme, est étranger à la mentalité française : « Nos anciens Gaulois... reconnaissaient dans le sexe une espèce de providence, écoutaient ses conseils et faisaient cas de ses réponses » (Berlier, p. 703). La galanterie et l'esprit chevaleresque, caractéristiques françaises, en témoignent. Berlier ira même jusqu'à soutenir que la séparation des patrimoines du régime dotal influe sur le caractère des épouses qui sont de « froides compagnes », tandis que l'association qui sous-tend le régime de la communauté crée « des femmes affectionnées et attachées par leur propre intérêt aux succès communs » (p. 666).

Enfin le régime de la communauté des biens favorise le libéralisme économique, en ne figeant pas des richesses, mais au contraire en les faisant circuler.

2. **La communauté légale.** — Ce fut la communauté de biens qui fut préférée. L'argument avancé n'était certes pas dénué de fondement : le système dotal suppose des biens personnels et dotaux pour la femme, l'établissement d'un contrat par un notaire, bref des frais auxquels les plus démunis ne peuvent faire face.

A) *La composition et l'administration de la communauté.* — Dans l'Ancien Droit, la communauté se composait d'une masse commune de biens, formée des meubles, qu'ils appartiennent aux époux au moment du mariage ou qu'ils les aient acquis par la suite; les autres biens, notamment les immeubles acquis par succession ou que l'un des époux possédait avant le mariage, étaient des propres. Le passif de la communauté se composait des dettes (dont répondent les meubles : « meubles sont sièges de dettes ») : les dettes antérieures au mariage du mari et de la femme, les dettes faites pendant le mariage par le mari, et les dettes dues aux héritages reçus par les époux. Le mari administrait ses propres, et ceux de sa femme. Cette dernière ne peut aliéner ses biens propres sans le concours de son mari. Le mari, quant à lui, dispose librement de ses propres, mais pratiquement, comme il doit tenir compte du douaire réservé à sa femme, celle-ci intervient pour toute aliénation, en renonçant à son douaire[1]. Il dispose par ailleurs librement des biens communs. La dissolution de la communauté entraînait sa liquidation. La femme pouvait y renoncer ou l'accepter. Dans ce dernier cas, chacun des époux ou ses héritiers reprenait ses propres et l'actif et le passif étaient partagés.

Le Code civil reprit ces principes en les simplifiant. La communauté se composait des meubles présents et futurs des époux (ce qui évitait les inventaires et les contestations) des biens acquis pendant le mariage, et des fruits et revenus de ces biens (art. 1401). Le passif se composait notamment des dettes mobilières, des dettes contractées pendant le mariage, et de l'entretien des enfants ou du ménage (art. 1409).

L'administration appartient au mari; c'est une évidence : « cette qualité ne pouvait être conférée qu'à lui » (Berlier), « le mari est maître de la communauté, c'est un terme consacré par l'usage » (Duveyrier). Le mari peut ainsi vendre, aliéner, hypothéquer sans le concours de son épouse (art. 1421). Il y a cependant, en cas de mauvaise gestion, un risque pour l'épouse de se voir dépouillée. C'est pourquoi le Code restreint les droits du mari qui ne pourra disposer des immeubles communs, ni aliéner les immeubles propres de sa femme sans son consentement, ni tester au-delà de sa part de communauté (art. 1423 et s.). La femme est protégée. Mais quels sont ses droits? « Elle n'en a point tant que la communauté existe, ni dans l'administration, ni dans la disposition des biens qui la composent » (Duveyrier, p. 721). Berlier (p. 673) : « Dans la communauté conjugale, le mari est maître absolu; la femme ne peut s'opposer à aucun de ses actes : en un mot, après avoir mis dans la masse commune son mobilier, la jouissance de ses immeubles et son travail, tous les droits de la femme se réduisent à l'espoir de partager des béné-

1. Le Code supprimera le douaire : « Il donne assez à la femme si la communauté est utile, puisqu'elle en partagera les bénéfices, et lui accorderait trop dans le cas contraire, puisque la libéralité de la loi s'exercerait sur une masse déjà appauvrie ou ruinée » (Berlier).

fices, s'il y en a. » Il en résulte que la femme ne peut disposer de ses propres biens sans le concours de son mari; elle ne peut disposer des biens de la communauté que dans l'intérêt de son mari (le tirer de prison...) ou établir les enfants, si son mari est absent (art. 1426, 1427).

B) *La dissolution de la communauté.* — Dans l'Ancien Droit, et plus particulièrement dans la coutume de Paris, un inventaire devait être fait. S'il n'avait pas été fait, la communauté continuait entre l'époux survivant et les enfants. Cette continuation de la communauté partait de l'idée qu'il fallait protéger les enfants ; ainsi, les acquisitions de l'époux survivant et négligeant, tombaient dans la communauté.

Le Code s'opposa à cette législation coutumière. C'était une source de procès et le risque était grand de laisser cette communauté être administrée par un époux dissipateur. C'est pourquoi l'article 1442 déclare que le défaut d'inventaire après la mort d'un époux ne donne pas lieu à la continuation de la communauté. Mais, en cas d'enfants mineurs, l'époux négligeant perd la jouissance de leurs revenus.

Après la dissolution de la communauté, en cas de décès du mari, la femme peut accepter ou y renoncer (art. 1453). Ce choix laissé à la femme s'explique logiquement. La femme, dépourvue pendant le mariage de toute possibilité de peser sur l'administration de la communauté, ne doit pas se voir imposée de supporter les conséquences d'une gestion dont elle n'est pas responsable. Mais on pourrait craindre une renonciation frauduleuse qui léserait les créanciers ou même les héritiers. Les intérêts des premiers sont sauvegardés, puisque l'article 1454 leur donne la possibilité de contester la renonciation frauduleuse à leur égard, et d'accepter la communauté (art. 1454). Les intérêts des héritiers sont protégés : si la femme s'est ingérée dans la gestion de la communauté, elle ne peut plus y renoncer (art. 1455 et s.).

Si la femme renonce, elle reprend ses biens immeubles, ne retire que « ses linges et hardes à son usage » (art. 1492), et récupère les indemnités qui lui sont dues par la communauté. Si la femme accepte la communauté, « il faudra faire une masse commune de l'actif et du passif, et, après l'acquittement des charges et le prélèvement réciproque des biens personnels de chacun des époux, faire le partage du surplus » (Berlier, p. 675).

Cette communauté légale, telle qu'elle est organisée, peut naturellement, en respect de la liberté des conventions, recevoir divers aménagements au gré des époux (art. 679).

3. **Le régime dotal.** — « La dot est le bien que la femme apporte au mari pour supporter les charges du mariage » (art. 1540). Il s'agit de la part des parents ou amis de donner certains biens ou valeurs pour permettre aux époux d'avoir ou d'augmenter leurs ressources. Il s'agit donc d'un engagement envers eux, et comme tel, il doit être respecté. C'est pourquoi la dot peut produire des intérêts, dès le jour du mariage, à l'encontre de ceux qui l'ont promise (art. 1548).

Le régime dotal repose sur l'idée que les époux possèdent des patrimoines séparés. Plus précisément, en ce qui concerne la femme, elle possède deux catégories de biens : les biens dotaux, qui lui sont remis à titre de dot et les biens paraphernaux, c'est-à-dire placés en dehors de la dot.

Au mari revient l'administration et la jouissance des biens dotaux uniquement, alors que dans la communauté il administrait tous les biens. De plus, les immeubles dotaux sont inaliénables non seulement par le mari, mais encore par la femme elle-même, quand bien même le mari y consentirait (art. 1554). Les immeubles dotaux sont la garantie financière de la famille, et on doit protéger les époux contre eux-mêmes. Les dérogations à l'article 1554 vont dans ce sens : la dot est aliénable notamment lorsqu'il s'agit d'établir les enfants, ou lorsqu'il s'agit d'intérêts familiaux comme tirer le mari de prison, aider certains parents, payer les dettes de la femme antérieures au mariage. Au décès de l'un des époux, la dot est restituée à la femme ou à ses héritiers.

En ce qui concerne les biens paraphernaux, le droit romain, on l'a vu, en laissait la libre disposition à la femme qui pouvait les aliéner. Le Code lui ôte cette liberté, au nom de la puissance maritale : elle ne peut que les administrer et en jouir (1576). Si le mari les gère, il est responsable de sa gestion.

A la dissolution du mariage, la femme ou ses héritiers récupèrent les biens dotaux ou leurs valeurs.

Ce régime peut laisser l'impression que les deux époux voient moins dans le mariage une communauté qu'une juxtaposition des patrimoines. C'est ce qu'à justement remarqué le tribun Siméon : « L'épouse n'y est pas moins que dans la communauté la compagne de son mari. Elle lui confie sa personne et sa dot; il la reçoit au partage de son état, de sa dignité, de ses richesses; il l'associe à son existence. Comme dans la communauté, les revenus sont confondus; mais lorsque la mort sépare les époux, les biens se séparent aussi et retournent à leurs propriétaires » (p. 826). C'est là la différence essentielle, puisque la communauté aboutit à un patrimoine commun, qui n'existe pas dans le régime dotal.

Mais communauté et régime dotal sont-ils si différents dans leurs effets? La communauté assure, tout comme le régime dotal, la conservation des immeubles propres. Par ailleurs, l'hypothèque légale de la femme mariée garantissait l'exécution de ses créances contre son mari et la protégeait en cas de mauvaise gestion. Justinien (art. 531) avait déjà accordé cette hypothèque privilégiée, qui faisait passer la femme avant tout autre créancier (l'hypothèque s'exerçait même sur les biens des célibataires, en tant que maris potentiels...). L'Ancien Droit reprit le principe : dans les pays de droit écrit, seules les créances postérieures au mariage étaient garanties; dans les pays de coutumes, le contrat de mariage, en tant qu'acte notarié, conférait hypothèque. La Révolution la supprima, car sa clandestinité était gênante pour les créanciers; la loi de Brumaire an VII la rétablit. Le Code la conserva (art. 2121). Elle portait sur tous les immeubles du mari, mais était dispensée d'inscription, ce qui nuisait aux créanciers qui ne savaient quel rang elle occupait. Ajoutons que son aspect général nuisait à la gestion même du mari, qui devait demander à sa femme un abandon d'hypothèque, ce qui conduisit certains à parler d'incapacité du mari... La femme est protégée dans les deux régimes. Cependant la critique essentielle, et elle est de taille, concerne la place laissée à la femme, qui ne dispose d'aucun pouvoir et reste dépendante de son mari. La continuité existe ainsi entre l'Ancien Droit et le Code. Comme le disait Berlier, « on a moins cherché à détruire qu'à concilier, et surtout on a désiré que chacun pût facilement jouir de la condition légale dans laquelle il voudrait se placer ».

Chapitre IV

L'ÉVOLUTION DU CODE CIVIL

Nous ne pouvons naturellement rendre compte en détail de ces évolutions. Mais nous voudrions en baliser les étapes principales.

Le droit de la famille paraît être celui qui a connu les changements les plus profonds[1]. Ces bouleversements semblent dus au développement considérable du travail féminin : l'indépendance financière, l'égalité, rendent moins nécessaire un mariage, et facilitent un divorce. Par ailleurs, l'aspiration à la liberté restreint la volonté de s'engager dans les « liens » matrimoniaux. Ainsi s'explique que la famille légitime, bastion privilégié du Code de 1804, soit à la fois menacée et concurrencée.

Elle est menacée dans sa stabilité par l'élargissement du divorce.

Aboli en 1816, il fut rétabli sous la IIIe République (loi Naquet de 1884). Mais le consentement mutuel ne fut pas autorisé. Les causes autorisées étaient l'adultère, les excès, sévices et injures graves, et la condamnation à une peine afflictive ou infamante. La législation du régime de Vichy, hostile au divorce républicain destructeur de la famille, ne pouvait le supprimer : il était entré dans les mœurs. Elle essaya de le réduire, en l'interdisant notamment pendant les trois premières années du mariage. Les conjoints doivent ainsi comprendre que des mésententes graves sur le moment, mais que le temps apaise, ne doivent pas conduire à la rupture définitive. Cette mesure restrictive, qui s'est d'ailleurs révélée un échec, a été abrogée en 1945.

1. Cf. M. Delmas-Marty, *Le droit de la famille,* dans cette collection.

Enfin, la loi du 11 juillet 1975, préparée à partir d'enquêtes d'opinion par M. Carbonnier, offrit une nouvelle conception du divorce : il ne reposerait plus uniquement sur la faute de l'un des conjoints et cesserait de constituer une comédie douteuse. Il prendrait en compte la réalité, l'échec d'une union, sans que les griefs réciproques étalés sur la place publique, ne constituent des déclarations de guerre. De là le divorce sur demande conjointe, autre nom du divorce par consentement mutuel, où les motifs ne sont pas exposés, et le divorce sur demande accepté où l'un des conjoints expose, en souhaitant l'accord de l'autre, les raisons pour lesquelles il est impossible que le mariage continue. Le divorce pour faute est maintenu (sans que l'adultère soit une cause péremptoire). Enfin, est ajouté le divorce pour rupture de la vie commune : six ans de séparation laissent présumer une mésentente, et l'intention de se séparer. La loi ne doit pas y mettre obstacle[1].

Le concubinage concurrence la famille légitime. Le mot de Bonaparte, « les concubins se passent de la loi, la loi se désintéresse d'eux », ne semble plus avoir qu'un intérêt historique. Certes, le Code ne comporte pas encore de titre « du concubinat ». Mais le législateur l'organise, et parfois même de manière telle que le mariage ne présente plus d'attraits[2].

Les assurances sociales assimilent la concubine à la femme mariée pour les prestations en nature des assurances maladie et maternité; la législation sur les loyers accorde au concubin le maintien dans les lieux, en cas de décès de l'autre. Quant au droit fiscal, il va jusqu'à avantager les concubins par rapport aux époux : deux concubins ayant chacun un enfant à charge bénéficient de quatre parts fiscales, tandis que deux époux ayant deux enfants sont comptés pour trois parts. Enfin, les compagnies de transports (SNCF ou Air France) confondent concubins et époux pour l'obtention d'avantages « familiaux ».

1. En 1975, 17,2 % des mariages se terminaient par un divorce ; en 1988, 31,2 %.

2. Cf. notamment J. Rubellini-Devichi, La condition juridique de la famille de fait en France, *Semaine juridique,* 1986, I, 3241.

Il se crée ainsi une véritable famille naturelle, dont la constitution est facilitée par l'extension de la reconnaissance des enfants naturels. Le Code civil, on l'a vu, avait interdit, au nom de la protection des familles, la recherche de paternité. Cette dernière dépendait du seul bon vouloir du père, de son sens des responsabilités. Nombre de femmes se sont repenties de leur naïveté... La loi de 1912 leur vint en aide, accordant la recherche de paternité dans des cas précis (enlèvement ou viol au moment de la conception, séduction dolosive, aveu écrit non équivoque de paternité, concubinage notoire au moment de la conception, si le père a pourvu à l'entretien ou à l'éducation de l'enfant), mais la refusant si le père prétendu ne pouvait pas physiquement avoir conçu l'enfant (éloignement, ou impuissance) ou si la mère était d'une inconduite notoire à l'époque de la conception. La loi du 3 janvier 1972 reprend ces principes, ajoutant aux fins de non recevoir la preuve d'analyses sanguines négatives. Elle accorde également la possibilité à l'enfant de réclamer au père prétendu de quoi subvenir à ses besoins. C'est l'action à fin de subsides[1]. Précisons enfin que cette loi de 1972 met sur un pied d'égalité enfant naturel et enfant légitime. En ce qui concerne l'enfant adultérin (celui, dit la loi, « dont le père ou la mère était, au temps de leur conception, engagé dans les liens du mariage avec une autre personne ») il est admis à succéder et reçoit la moitié de la part d'un enfant légitime s'il y a un enfant légitime ou le conjoint; il passe avant les ascendants et collatéraux.

Le législateur a dû également tenir compte de l'évolution des mœurs et de ses implications dans les rapports entre époux. C'est une banalité que de constater l'égalité qui préside désormais à leurs relations. Le Code de 1804

1. Cette action est-elle vraiment nouvelle ? Dans l'Ancien Droit, la règle *creditur virgini...* aboutissait au même résultat ; avant la loi de 1912, la jurisprudence se fondait sur l'article 1382 pour sanctionner la faute de celui qui a promis le mariage ou des aliments, et qui n'a pas tenu parole.

avait confié au père des pouvoirs considérables. Le législateur l'a fait descendre de son piédestal pour partager ses prérogatives. L'autorité parentale s'est substituée à l'autorité paternelle ; l'épouse qui voulait travailler devait obtenir l'autorisation de son mari : une loi de 1942 supprima cette autorisation maritale, une loi de 1965 interdit l'opposition maritale. L'indépendance financière de la femme est désormais acquise. Dès 1907 (loi du 13 juillet 1907), elle pouvait librement percevoir ses gains professionnels. La loi du 13 juillet 1965 décide que chaque époux perçoit librement ses gains professionnels, en dispose, après s'être acquitté des charges du ménage. Ajoutons que cette même loi de 1965 autorise désormais les donations entre époux, mais les déclare révocables.

La famille n'est donc plus, comme le désiraient les rédacteurs, cette société où il fallait nécessairement un chef. Elle apparaît plutôt comme l'association de deux êtres égaux, fondée sur des sentiments et des intérêts réciproques, et poursuivant un but commun. Mais cette association ne fait pas disparaître les individualités. La communauté de vie regroupe à la fois le couple et chaque individualité. Si l'une désire recouvrer son indépendance, la dissolution doit pouvoir être effectuée d'un commun accord.

Le contrat va aussi connaître une profonde transformation. Le Code de 1804 faisait reposer la force obligatoire du contrat sur la volonté des parties. On a vu que les rédacteurs avaient voulu limiter cette volonté, la déclarant soumise à la loi. Il en résultait que le contrat était une émanation de la loi. Cet aspect limitatif a été édulcoré par la doctrine : face à la réglementation croissante de l'Etat, et au nom du libéralisme, le contrat a été conçu comme la résultante de la volonté individuelle. Deux contractants qui s'obligent ne peuvent agir que dans leur intérêt : « Qui dit contractuel dit juste » (Fouillée). La volonté des contractants, leurs motivations constitueront désormais les fondements premiers de l'opération contractuelle. La cause du contrat sera assimilée au motif. La psychologie des contractants sera scrutée[1].

Une telle vision du contrat a été elle-même fort critiquée. Mettre la volonté au premier plan, c'est oublier qu'elle n'est source de droit que par « délégation » étatique. Par ailleurs, accorder une telle liberté aux contractants supposerait une égalité parfaite de leurs situations respectives. Or, une trop grande liberté engendre l'inégalité. La loi Le Chapelier l'a clairement démontré, en plaçant en condition d'infériorité les employés. Enfin, peut-on parler de liberté face à une réglementation croissante des relations contractuelles ? Lorsque le contenu d'un contrat s'impose à l'une des parties, lorsque la législation du travail impose certaines normes, lorsque la législation sur les loyers contraint le propriétaire ? Quand la doctrine qualifie certains contrats, de contrats d'adhésion ?

C'est pourquoi une nouvelle conception du contrat tend à apparaître. Les contrats seraient des échanges de services dont les modalités seraient élaborées librement par les parties. Mais le droit les prend en compte, et leur confère leur caractère obligatoire, non en raison de la volonté des parties, mais parce qu'ils traduisent des échanges de valeurs socialement utiles, et respectent un équilibre entre les prestations. Une telle vision économique du contrat paraît proche de la conception objective du Code de 1804[2].

Le droit de la responsabilité a connu, lui aussi, de profondes transformations. Les articles 1382 et suivants fondaient la responsabilité sur l'idée qu'une faute avait été commise. Mais cette conception allait être critiquée, car elle aboutissait à des injustices.

En effet, le développement du machinisme engendra une augmentation des accidents du travail. Or, il était particulièrement difficile à la victime de démontrer la faute du propriétaire de la

1. Remarquons, et peut-être y aurait-il une relation à faire, qu'à l'époque où le contrat subit cette transformation, la psychologie, la psychanalyse prennent leur essor : Janet, Bergson, Freud sont contemporains de Capitant.

2. Cf. notamment J. Ghestin, La notion de contrat, droits, *Revue française de Théorie juridique*, n° 12 *(Le contrat)*.

machine, ou un défaut de construction. Par ailleurs, l'ambiance socialisante et le développement de la législation du travail de la fin du siècle dernier incitaient à pallier les insuffisances du Code, pour indemniser les ouvriers victimes d'accidents du travail. Une lecture habile de l'article 1384 permettra d'arriver à ce résultat. Cet article est placé après les articles 1382 et 1383 qui énoncent la responsabilité individuelle, et avant les articles qui énoncent la responsabilité du fait des animaux ou des bâtiments (art. 1385 et 1386). L'article 1384 dans son alinéa 1, rappelle les articles précédents, et annonce les suivants : « On est responsable, non seulement du dommage que l'on cause par son propre fait, mais encore de celui qui est causé par le fait des personnes dont on doit répondre, ou des choses que l'on a sous sa garde. » Puis, ce même article énonce les responsabilités des parents, commettants et instituteurs pour les fautes commises par les enfants, les domestiques ou les élèves. Il a suffi de considérer comme règle ce qui n'était qu'une transition, pour élargir la responsabilité : « On est responsable des choses que l'on a sous sa garde », implique la responsabilité de l'employeur ou du constructeur de la machine, sans que la victime ait à prouver une faute. C'est la responsabilité objective, fondée sur le risque.

Une autre catégorie de victimes, les victimes des accidents de voitures allait bénéficier de cet élargissement de la responsabilité : le conducteur d'une voiture qui cause un accident doit-il être poursuivi sur le fondement de l'article 1382 (il a commis une erreur de conduite et est en faute), ce qui implique la preuve de la faute par la victime, ou sur le fondement de l'article 1384 ? La Cour de cassation (arrêt Jandheur, 1930, le propriétaire ou le gardien est présumé responsable, du seul fait de sa situation) penche pour cette dernière solution : le fait seul d'être gardien de la chose, de la voiture, laisse présumer que l'on est responsable des dommages qu'elle cause. Seule, la faute de la victime, si elle est irrésistible et imprévue, exonérera l'automobiliste (arrêt Desmares, 1982).

Cette responsabilité objective se retrouve dans la célèbre loi dite de Badinter de 1985 : destinée à améliorer la situation des victimes d'accidents automobiles, elle fonde leur indemnisation sur la responsabilité conçue de manière objective. Tout véhicule à moteur impliqué dans un accident (et un véhicule en stationnement, irrégulier certes, est impliqué...) qui cause à autrui un dommage oblige le conducteur ou le gardien à indemniser la victime. Cette dernière peut d'ailleurs se tourner vers leurs assurances. Seule une faute inexcusable ou intentionnelle de la victime (?!), cause exclusive de l'accident peut exonérer le gardien.

On retrouvera les mêmes principes dans la responsabilité contractuelle. La doctrine distinguera les obligations de résultat, qui supposent que le but que s'étaient proposé les contractants a été atteint (j'achète une maison ; je paye le prix, j'obtiens la maison), des obligations de moyens qui supposent que l'on met en œuvre tout ce qui est nécessaire pour parvenir au résultat voulu, mais sans qu'il soit précisé qu'on y parvienne (l'exemple classique est celui du médecin qui met tout en œuvre pour guérir son malade, mais qui ne garantit pas la guérison).

Dans les obligations de résultat, la faute du contractant n'a pas à être prouvée. La seule démonstration que le résultat espéré n'a pas été atteint suffit à engager la responsabilité. La force majeure permettra d'exonérer le responsable.

On est là à l'opposé de la conception du Code de 1804 : seule, la faute de l'individu, sa négligence, sa méconnaissance du « connais-toi toi-même » pouvait engendrer sa responsabilité. Désormais, le propriétaire, le gardien ou le contractant sont présumés responsables du seul fait de leur situation. La victime a droit à l'indemnisation du seul fait qu'elle est victime, sans que sa conduite, sauf cas exceptionnels, puisse lui être reprochée.

La propriété, droit inaliénable et sacré, subit les mêmes atteintes que la liberté contractuelle. La montée du capitalisme, l'antagonisme croissant entre la misère ouvrière et la propriété du capital aboutissent à une remise en cause des fondements mêmes du droit de propriété. La propriété privée des moyens de production est stigmatisée par les théories communistes. La toute-puissance du propriétaire, dont l'exercice du droit peut aller à l'encontre de l'intérêt général, est contesté. Certes, l'expropriation, prévue dans les Déclarations des Droits de l'Homme et du Citoyen, est toujours possible.

Mais la critique va plus loin, s'attaquant au fondement même du droit de propriété : le propriétaire, loin d'exercer un droit, exerce une fonction, et à ce titre, se doit d'être utile à la société. Il est comptable, envers elle, des richesses qu'il détient et doit les administrer dans l'intérêt général. S'il ne remplit pas cette fonction, l'Etat, la collectivité, peuvent se substituer à lui. Une telle doctrine sera reprise par le régime de Vichy. C'est ainsi que dans un projet de constitution, on peut lire : « Acquise par le travail et maintenue par l'épargne familiale, la propriété est un droit inviolable et sacré, justifié par la fonction sociale qu'elle confère à son détenteur... » (art. 4).

Les nationalisations de l'après-guerre, fondées sur le refus du monopole et l'intérêt général (bien que l'idée de sanctionner une collaboration économique avec l'occupant soit souvent présente), tout comme celles d'après 1981, manifestent les limites imposées au droit de propriété. Enfin, une législation contraignante, notamment en ce qui concerne les baux, borne les droits du propriétaire (lois Quillot et Méhaignerie).

CONCLUSION

Avec le Code civil, la France est désormais dotée d'une législation unifiée, synthèse harmonieuse du droit coutumier et écrit, mais aussi de l'Ancien Droit et du Droit intermédiaire, fondé sur les principes révolutionnaires. Ces derniers en constituent la trame idéologique, « souffle qui anime la matière ». On a ainsi pu parler de « l'esprit du Code civil », pétri de laïcité, de liberté et d'égalité[1]. Mais il convient d'ajouter que les rédacteurs se sont voulus avant tout pragmatiques. C'est ainsi qu'ils n'ont pas retenu un Livre préliminaire, trop philosophique. Portalis, et M. Carbonnier le rappelle[2], se méfiait des conséquences de la philosophie des Lumières sur la législation, et restait imprégné de l'empirisme de Montesquieu dans l'Esprit des lois. Quant à Bonaparte, on sait son opinion sur les idéologues.

Un esprit du Code civil, donc. Mais encore ? Un esprit bourgeois, a-t-on dit, avec tout ce que ce qualificatif contient de péjoratif[3]. Le Code civil ne serait ainsi que la « juridicisation » des rapports sociaux et économiques de la bourgeoisie triomphante. Certes, le Code consacre juridiquement les droits de ceux qui luttèrent contre la féodalité, forgèrent une morale individualiste qui allait dominer, détenaient le pouvoir économique alors qu'ils étaient écartés du pouvoir politique à la fin

1. J. Carbonnier, *Introduction à l'étude du droit et droit civil,* PUF, 1965, p. 46. La même expression est employée par J. Ghestin, *Traité de droit civil, Introduction générale,* LGDJ, 1983, p. 96.
2. Le Code Napoléon en tant que phénomène sociologique, *op. cit.*
3. A.-J. Arnaud, *Essai d'analyse structurale du Code civil français. La règle du jeu dans la paix bourgeoise,* LGDJ, 1973.

de l'Ancien Régime. Encore convient-il de noter que la victoire de cet esprit bourgeois fut critiquée[1].

Dans le *Livre du centenaire,* le Code civil n'apparaît plus vraiment comme un monument à l'abri de toutes critiques. La préface rédigée par le Comité de rédaction est très claire sur ce point[2]. Dans sa contribution, Albert Tissier[3] insiste ainsi sur le vieillissement du Code et son manque d'esprit démocratique. Une commission avait même été chargée, à l'occasion de la célébration de ce centenaire, de refondre le Code. Ses travaux n'ont pas eu de suite.

Le projet a été relancé après la seconde guerre mondiale, et une commission, composée de professeurs, de magistrats et d'avocats a tenté également de refondre le Code civil. Ses travaux n'ont également pu aboutir.

Mais peut-on refaire un Code civil ? La tendance actuelle consisterait plutôt à légiférer dans des domaines précis, comme nous l'avons vu à propos du droit de la famille ou des baux. Par ailleurs, certains domaines prennent tant d'ampleur qu'ils nécessiteraient à eux seuls un Code. Ne parle-t-on pas d'un droit de la consommation ? D'un droit de l'Environnement ? Dès lors, à quoi bon un Code, alors qu'une législation parallèle ne manquera pas de proliférer ?

Enfin, et surtout, pourrait-on parler de nos jours d'un « esprit du Code civil » ? Nous avons, plus haut, retracé sommairement l'évolution de la législation dans les principaux domaines que les rédacteurs avaient envisagés.

1. « L'art, la science et l'argent forment le triangle social où s'inscrit l'écu du pouvoir, et d'où doit procéder la moderne aristocratie. Un beau théorème vaut un grand nom. Les Rotschild, sont princes de fait (...) De nos jours, les moyens d'action doivent être des forces réelles, et non des souvenirs historiques. Malheureusement, en France, la noblesse, encore grosse de son ancienne puissance évanouie, avait contre elle une sorte de présomption dont il était difficile qu'elle se défendit... » H. de Balzac, *La duchesse de Langeais,* Ed. Club français du Livre, 1966, t. II, p. 576.

2. « Ce que la France a le devoir de fêter après un siècle de vie juridique issue du Code civil de 1804, c'est un grand fait historique et national ; (...) Quant à vouloir célébrer ce que l'on appelle quelquefois la doctrine ou les tendances du Code civil, c'est un tout autre point de vue, celui qui nous divise et non celui qui peut nous unir. »

3. Le Code civil et les classes ouvrières, *Livre du Centenaire,* t. 1, p. 73 et s.

Une première constatation, évidente, semble s'imposer : le droit familial, celui des contrats, de la propriété ou de la responsabilité paraissent actuellement fondés sur des valeurs qui n'étaient pas celles du Code.

La famille légitime n'est plus considérée comme primordiale, la liberté contractuelle paraît restreinte par les réglementations étatiques, la responsabilité contractuelle et la responsabilité délictuelle recourent moins au concept de faute. L'intérêt du plus faible (victime, exclu, consommateur...) semble désormais l'emporter. Nous avons là la conséquence juridique logique d'un Etat providence, tout comme la primauté accordée à l'individu correspondait à un libéralisme accentué.

En revanche, et c'est la seconde constatation, les valeurs sur lesquelles reposent notre législation semblent parfois contradictoires. Le droit familial actuel repose davantage sur la liberté et l'égalité, alors que cette même liberté, fondement des contrats et de la propriété, est en déclin, nous venons de le voir. Que conclure, sinon qu'au XXe siècle, on ne peut guère songer à refaire un Code civil comme en 1804. La disparité et la profusion législatives constituent certes des obstacles. Mais ne nous manque-t-il pas ce qui a fait la force des rédacteurs de 1804, la croyance en des principes, des valeurs au-delà du droit, et dont il convient que le droit découle ?

BIBLIOGRAPHIE

A.-J. Arnaud, *Les origines doctrinales du Code civil français,* LGDJ, 1969.

Essai d'analyse structurale du Code civil français. La règle du jeu dans la paix bourgeoise, LGDJ, 1973.

J. Bonnecase, *La philosophie du Code Napoléon appliquée au droit de la famille,* 2e éd., 1928.

J. Carbonnier, *Droit civil,* t. 1 à 4, « Thémis ».

Le Code Napoléon en tant que phénomène sociologique, Revue de Recherche juridique, 1981, t. 3.

Le Code civil. *Les lieux de mémoire,* II : *La Nation,* Paris, 1986.

M. Garaud, *La Révolution et la propriété foncière,* Paris, 1958.

La Révolution française et la famille, mise à jour par R. Szramkiewicz, PUF, 1978.

E. Gaudemet, *L'interprétation du Code civil en France depuis 1804,* Paris, 1935.

J. Ghestin, *Traité de droit civil, Introduction générale* par J. Ghestin et Gilles Goubeaux, LGDJ, 1983.

Le contrat, LGDJ, 1988.

J. Imbert, *Histoire du droit privé,* coll. « Que sais-je ? ».

J.-Ph. Lévy, *Histoire de la propriété,* coll. « Que sais-je ? ».

Ph. Malaurie et L. Aynes, *Droit civil* (8 vol.), Cujas.

X. Martin, *L'insensibilité des rédacteurs du Code civil à l'altruisme,* RHD, 1982.

La Coutume, *Mémoires de la Société pour l'Histoire du droit et des Institutions des anciens pays bourguignons, comtois et romands,* 1983.

P. Ourliac et J.-L. Gazzaniga, *Histoire du droit privé de l'an Mil au Code civil,* Albin Michel, 1985.

P. Ourliac et J. de Malafosse, *Histoire du droit privé,* PUF, « Thémis », t. 1, 2 et 3.

A.-M. Patault, *Introduction historique au droit des biens,* PUF, coll. « Droit fondamental », 1989.

J. Poumarède, *L'inceste et le droit bourgeois,* textes réunis et présentés par J. Poumarède et J.-P. Royer, L'espace juridique, 1987, p. 213-228.

H. Roland et R. Boyer, *Locutions latines et adages du droit français contemporain,* Ed. L'Hermès, 1978, t. 1 et 2.

A. Tisserand, *L'enfant adultérin* (Thèse Droit Strasbourg multigr.), 1990.

Les travaux préparatoires ont été consultés principalement dans :

Fenet, *Recueil complet des travaux préparatoires du Code civil au Conseil d'Etat* (15 vol., 1827-1828).

Maleville, *Analyse raisonnée de la discussion du Code civil au Conseil d'Etat* (4 vol., 1820).

Sur l'évolution du Code civil : *le Livre du Centenaire du Code civil* (2 vol.), 1904.

Revues : essentiellement *Droits, Revue française de Théorie juridique,* n° 1 : *Destins du droit de propriété* ; n° 3 : *La coutume* ; n° 5 : *Crises dans le droit* ; n° 12 : *Le contrat.*

TABLE DES MATIÈRES

Imprimé en France
Imprimerie des Presses Universitaires de France
73, avenue Ronsard, 41100 Vendôme
Décembre 1992 — N° 38 742